一生お金に振り回されないプロの考え方

投資に必要なことはすべて海外投資家に学んだ

株式会

SUNMARK PUBLISHING

・相場が落ちるとドキドキする人
・投資をはじめたいけれど、怖くて踏み切れない人
・「オルカン」「S&P」を買っていれば、それで安心と思っている人
・NISAやiDeCoをはじめていれば、この先も問題ないと思っている人
・できるだけ安心して、一生困らない財産を貯めたい人

のためにこの本を書きました。

はじめに

この本を手に取った方は、少なからず投資に関心がある方だと思います。

そして多くの方は、「できれば損をしたくない」と考えているのではないでしょうか。

誰でも投資した資産の値が下がるのは嫌なものです。

私だって、暴落の心配などはせずにいたいです。

でも、残念ながら相場は落ちます。

しかし、それを折り込んだうえで、私たちにはできることがあります。

まず、そんなことからお話ししていきましょう。

さて、左は何のグラフだか、おわかりになる方はいるでしょうか？

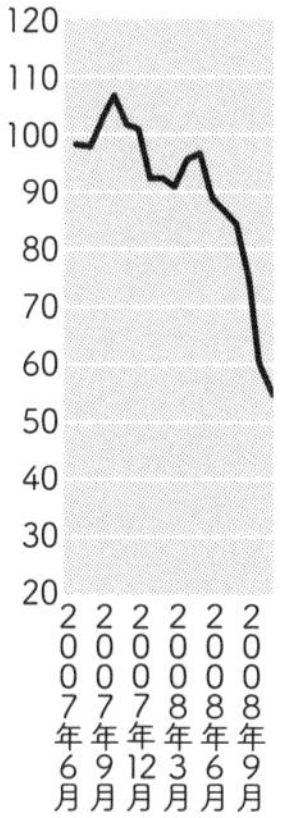

出所：MSCI AWCI USD

２００８年9月15日、米国で最大級の企業破綻が起こりました。

世界的な金融機関であるリーマン・ブラザーズの破綻です。

段ボール一つを持って、呆然とした表情で会社を後にする多くの社員の映像を覚えている方もいるのではないでしょうか。

このグラフは、当時の世界株価指数のグラフです。


後に、世界の金融市場を大混乱に陥れたリーマン・ショックは、その翌日、当時の米国市場として、世界恐慌以来の最大の下落幅を記録し、世界中の金融資産が売り浴びせられることとなりました。

かつてNYに住んでいた私は、リーマン・ブラザーズの社屋がそびえ立つNYのタイムズスクエアの華やかな電飾と、殺伐としたその風景が異様な対比として映り、「これは大変なことになるぞ」と身震いしたのを覚えています。

多くの方は、リーマン・ショックは、このリーマン・ブラザーズの破綻を中心に記憶していることでしょう。

しかし、市場はこの衝撃的なイベントの前にじわじわと警告を出していました。それは、２００７年後半にはすでに顕在化していたのです。

私は、当時日本の金融関連企業で、ヘッジファンド投資を行なっていました。世界中のヘッジファンドを選別し、30ほどのヘッジファンドでポートフォリオ運用をしていました。低金利を背景とした好景気、盛り上がるヘッジファンド業界のなかで、２００７年夏頃からその1年後のリーマン破綻までのなんとも言えない不穏な足音を体感することになったのです。

金融危機の発端

2008年の金融危機は、米国のサブプライムローンと言われる住宅ローン市場の破綻に端を発しています。

当時の米国市場は2001年の米国同時多発テロ事件以後、景気と市場を下支えするために行なわれた低金利政策により、活況を呈《てい》しているように見えました。2002年からその後ピークを付けた2007年10月までの5年間で、株価（S&P）は100%以上の上昇を記録していたのです。表面的には、景気は拡大しているかのように見えていました。

この低金利による市場での流動性過多（流動性過多＝要は、市場にお金がジャブジャブと余ってしまう状況）によって景気が拡大した米国では、住宅価格が上がり続けることを前提に、信用力の低い市民への住宅ローンが非常にゆるい審査で供給され続けました。これが「サブプライム」（信用力の高いプライム顧客に対してサブプライム、と呼ばれます）ローンです。

たとえお金が返せなくなっても、住宅を売れば、ローンを返せるということで、当時のアメリカでは人気になっていました。

この住宅市場の過熱に対して「市場のマエストロ（指揮者）」と呼ばれるＦＲＢのグリーンスパン議長による金利の利上げが２００４〜２００６年に行なわれました。結果として、住宅価格は下落しましたが、同時に住宅ローンの支払いが滞る債務者が増加していったのです。

２００７年８月にはフランス大手のＢＮＰパリバがサブプライムローンの投資ファンドを凍結するというニュースが世界を駆け巡り、サブプライムローンの問題が広く認知されました。

専門家でも「次がどうなるか」わからない

それでもまだ、「サブプライムローン問題」が市場に与える影響については市場関係者の中で意見が分かれていました。

一方は、サブプライムローンは、米国市場全体に対してその市場規模から考えると一部に過ぎないとする派。[*1]「The tail doesn't wag the dog（犬の尻尾が犬を振り回すことはない＝小さな問題が大きく影響することはない）」という英語での言い回しにたとえて「尻尾に足りない」問題とする楽観派です。

もう一方は、この問題は市場全体を揺るがすほどの規模になっておりすでに「危険水域にある」とする悲観派です。

当時、年間100人以上のヘッジファンド・マネージャーとの面談のために現地に赴いていた私は、クレジット戦略[*2]を専門とするヘッジファンドの意見が文字通り二分されていたことに事態の異様さを感じまし

＊1　実際に米国不動産調査機関 First American Real Estate Solutions が2006年に出したレポートで当問題を指摘しつつ、「米国住宅ローン全体10兆ドルに対して1・3兆ドル規模（13％）であり吸収可能」との報告書を出している。多くは米国株式市場20兆ドルと比較すると6・7％に過ぎないことから、当問題は経済の一部の問題であると認識していた

＊2　信用リスクを取ることで、高いリターンを狙う投資戦略

た。そして、この問題に警告を発し、ショートポジション（ショートポジションとは、空売りをして、下がったときに買い戻し、その利鞘をとる取引です。個人の方にはお勧めできませんが）を取っていたヘッジファンドに投資をすることを決めたのです。

そして、２００８年9月15日、多くのサブプライム関連商品を保有していたリーマン・ブラザーズが破綻します。米政府が救済しないと決めたことで、金融市場は大混乱しリーマン・ショックが起こりました。世界株式、米国株（Ｓ＆Ｐ５００）ともに２００７年10月のピーク期から２００９年3月にかけて最大50％以上の下落となりました。[*3]

「一部である」と思われていたサブプライムローンは、住宅ローンそのものにとどまらず、当時大量に出回っていた証券化商品、ヘッジや投機目的で組成された様々な派生商品（デリバティブ）[*4]に形を変え、複製され、さらにレバレッジ[*5]で膨張していたのです。

多くの人が資産を失うなか、私がとっていたショートポジションは成

世界株指数の推移

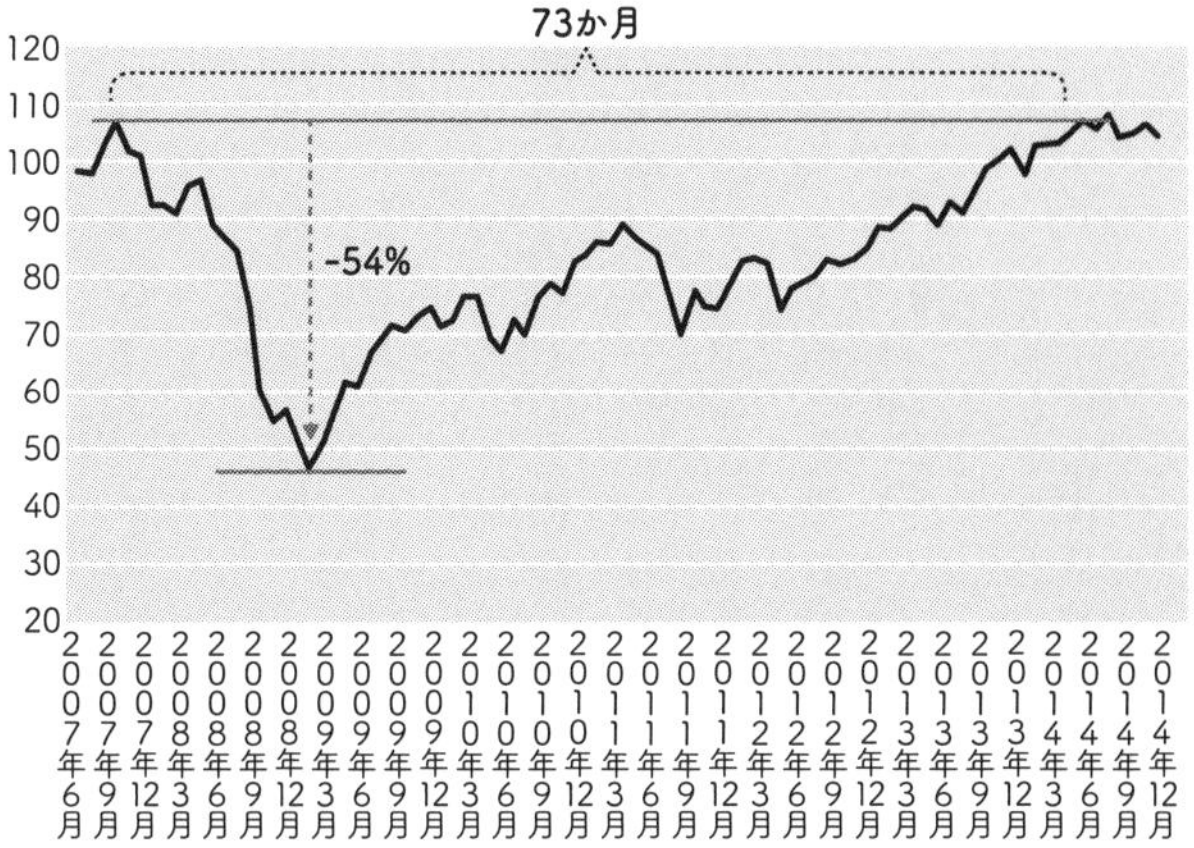

出所:MSCI AWCI USD 2008年金融危機時下落率54%　回復まで73か月

＊3 全世界株式（ＭＳＣＩ ＡＣＷＩ）２００７年10月31日～２００９年３月９日の下落幅

功しました。世界的な暴落に巻き込まれることもなく、むしろ多少なりとも利益を増やすことになりました。

リーマン・ショックで学んだこと

このときの経験は、私にとって唯一無二のものになり、同時に2つの大切な学びを得ることができました。

1つめは、**相場というものは、誰にもわからないし、落ちるときは落ちる、**ということです。プロ中のプロであるヘッジファンドですら意見が二分する、そんなことが市場にはあるのです。

2つめは、しかし、**それでも最後に負けない方法がある**ということです。それは防衛策を取りながら正しくリスクを理解し分散投資を行なう、ということです。

そのお手本になるのが、本書の中で触れる、アセット・オーナーと呼ばれる機関投資家[*6]のアプローチです。

たとえば、プロの投資家の1つにヘッジファンドがあります。積極的にリスクも取りながら大量の資金を動かし、時に相場にも影響を及ぼす存在です。しかし、その多くが顧客の資産を預かって投資しており、実は誰よりも「負けてはいけない」人たちでもあります（しかし、そんなヘッジファンドですら市場を見誤ることがあるのです。そして多くのヘッジファンドが金融危機で破綻に追い込まれたことも明記しておきたいと思います）。

ただし、ヘッジファンドは、顧客相手に「短期」で結果を出すことを求められるため、私たちがそれを真似するのは難しいでしょう。

一方、年金基金や大学に代表されるようなアセット・オーナーは、長く運用していくことが使命であり、こうした市場の変動を乗り切り、長期的に資産を増やしていくことを目的としています。それは、私たちが

＊4　金融派生商品。株式や債券などもともとの資産から発生して誕生した金融商品。少ない資金で大きな取引ができる。ハイリスクハイリターン商品
＊5　自己資金が少額でも借入をすることで多額の投資をする方法
＊6　巨額の資産を運用する大口の投資家のこと。第1章で解説

老後も安心して暮らすために資産を増やしていくことと共通のものでもあります。また、その投資哲学や手法は、日々変化し、ときに大きなうねりをもたらす市場に向き合い、資産運用をすることへの大きなヒントとなります。

ここで1つだけ大事なことをお話しすると、**私たちが一番やってはいけないのは「狼狽売り」と言って、想定外のことが起こったときに、パニックに陥り慌てて売ることです。**

2024年8月5日、日本株市場は、急激に株価が下落しました。

このとき、あなたはどうしましたか？ 今年から投資を始めた、という人の中には1日で12%超の下落を目の当たりにし、焦って売ってしまったという人もいるかと思います。

しかし**「落ちてきたときにどう対応するか」**が、最終的な資産の額に大きくかかわってくるのです。もちろん、「売る」という投資判断自体が悪いのではなくて、パニックに陥り、理由もわからずに売る、ということがよくないのです。

リーマンショックとまではいかなくても、今後も様々なことが起こるでしょう。そのとき少しでも冷静に判断するためには、知恵が必要です。

私はアセット・オーナーを顧客に持つ運用会社での仕事を通じて、彼らから多くのことを学びました。

そのなかでも、日本で投資をし始めた人や、これから投資を始めようという人に役立つ内容を、皆さんが活用しやすい形で、本書では披露していきたいと思っています。

日本は投資後進国!?

海外での仕事が多い私から見ると、まだまだ日本は投資では後進国であると感じます。

2024年には新NISAが始まり、多くの方が投資を始めるきっかけになりました。

ただＮＩＳＡを始めたといっても、それが意味するところは何であるかわかるでしょうか？

オルカン（オール・カントリー）に投資したといっても、そのリスクはご存じでしょうか？

新ＮＩＳＡ制度スタートで、国民資金の11兆円[*7]が新ＮＩＳＡの枠組みで新しい投資資金として運用されています。しかし、私が見る限り、投資するのであれば当然知っておかなければならないことが、抜けているような気がしてなりません。

ヘッジファンドをはじめ数々のプロ投資家と仕事をして、自分なりに見えてきたことをもとに、これから日本で投資をするときに、念頭において欲しい、必要な話を本書ではまとめていけたらと思います。日本の独特の業界慣習がもたらす弊害、また、今後さらに変化が予想される市場で、個人がそれにどう向き合えばよいかについても私なりの考えを共有していきたいと思います。

誰だって、投資した商品が下落したり、資産が減るのはイヤなものです。私も日々安心して眠れる投資がしたいと思っています。

今後、ますます見えづらくなる市場環境ではありますが、そんななかで、投資に疲弊せず、安心して投資を続け、必要な資産を増やすための内容を提供できればと考えています。

シデナム　慶子

＊7　日本証券業協会　2024年10月末時点

Contents

第1章 「資本収入」増大の勧め

第2章 投資をするなら、海外の機関投資家に学べ

第3章 何をどう運用するか

第4章 「運用」をしてみよう！

＊本書は2025年1月現在の内容に基づいています
＊本書の内容は特定の商品・サービスを勧めるものではありません。投資の結果については、必ずご自身の判断・責任のもとで行なうようにしてください。その損失については、著者ならびに出版社は責任を持ちません

カバーデザイン　小口翔平＋畑中茜（tobufune）
本文デザイン　荒井雅美（トモエキコウ）
本文DTP　米山雄基
イラスト　須山奈津希
校正　株式会社鷗来堂
編集協力　鈴木雅光
編集担当　多根由希絵（株式会社サンマーク出版）

第1章

「資本収入」増大の勧め

日本は「世界標準」の投資から遅れている

2024年1月にNISAの制度見直しが行なわれました。この改正で、生涯において非課税で運用できる金額が1800万円まで引き上げられただけでなく、制度自体が恒久化され、かつ非課税期間が無期限になったのです。このタイミングでNISAへ投資を始めた方も多いのではないでしょうか。

しかしながら日本は、先進国のなかでは、まだまだ投資や資産設計においては、遅れた国であるように思います。

その理由を2つ説明します。

1つは、日本独特の労働収入に対する価値観、そして2つめは、日本の資産運用サービスの欠如です。

日本では、働いているのに資産が増えない理由

「働いてもまったくお金が貯まらない」

その理由は、単に給料が上がらないからではありません。

まずは、日米英の個人資産の状況を見てみましょう。

25ページ図1－1は各国の個人資産を表す家計金融資産の全体額を示すものです。

家計金融資産とは、個人が持つ預金や、株式、債券、保険などの資産の合計金額を指します。

日本の個人金融資産は、2023年末で2141兆円です。

「2141兆円」という数字を見ると、なんだかとても凄い金額のように思えてくるのではないでしょうか。しかし、日本は人口が減少しているとはいえ、それでもまだ1億2000万人の人口があります。英国の家計金融資産を円建てにすると、同じ時期で1270兆円と、日本に比べて

はるかに少ないのですが、英国の世帯数は日本の5445万世帯の半分程度の約2900万世帯です。世帯あたりで考えると、日本は3930万円、英国は約4380万円となります。[*1]

一方、図抜けて家計金融資産の額が大きいのは米国です。2023年末時点の総額は1京7825兆円にも上ります。「兆」の単位では収まらず、「京」にまで到達しているのです。確かに米国の人口は、日本のそれに比べて多いとはいえ、それでも3億3000万世帯で日本の2・4倍程度です。それに対し、家計金融資産は8・3倍強にも達しているので、同様に一世帯あたりで考えると平均1億3700万円の金融資産を保有しているということになります。[*2]

なぜこれだけの差が生じているのでしょうか。

グラフの黒塗り部分は運用リターンによる資産の変化ですが、**日本は運用リターンによってかさ上げされた部分が極めて小さい**ことがわかり

＊1　厚生労働省「国民生活基礎調査」、UK Office for National Statistics 推計（いずれも2023年時点）
＊2　厚生労働省「国民生活基礎調査」、US. Census Bureau 推計（いずれも2023年時点）

図1-1 日米英の家計金融資産

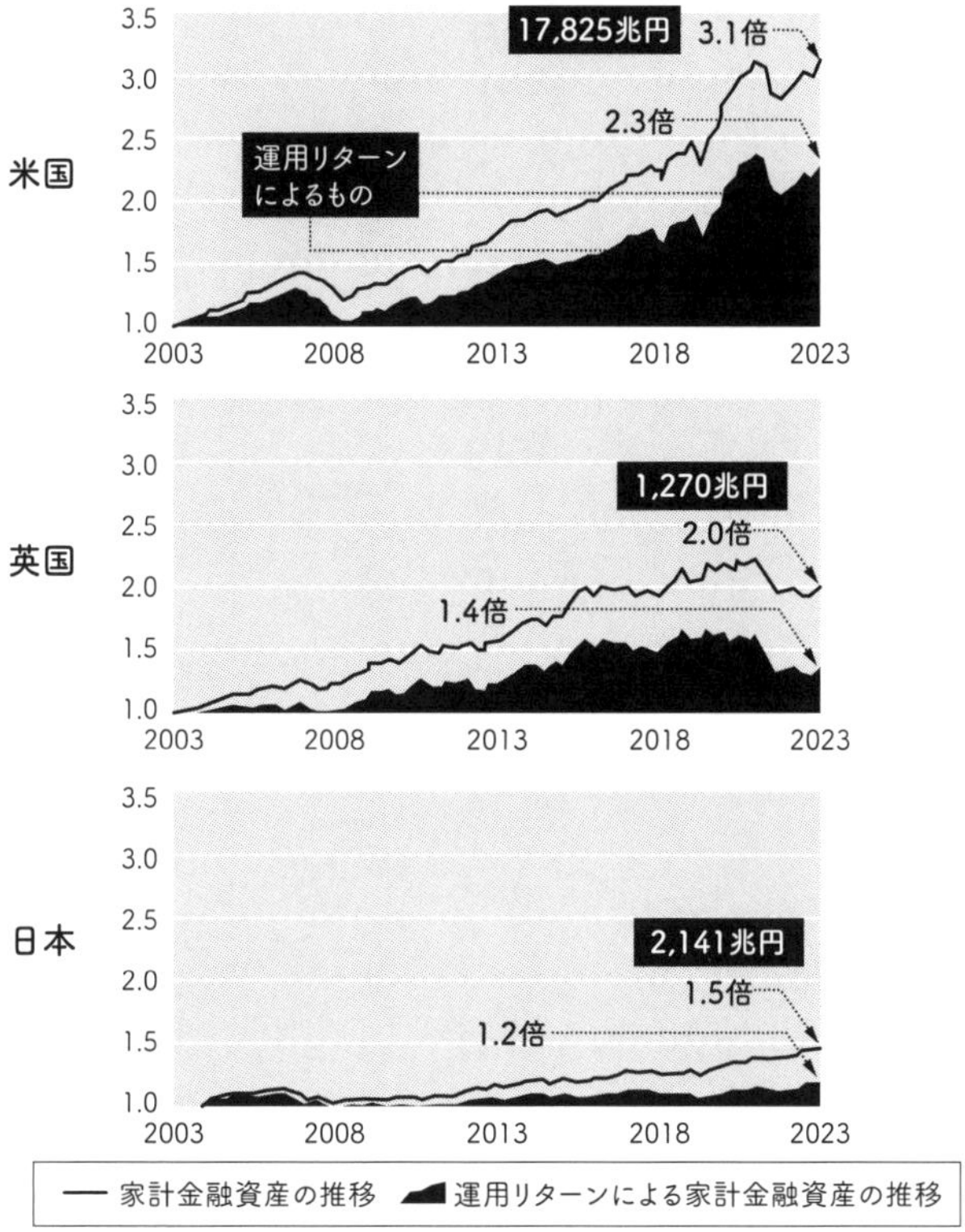

出所：日本銀行、FRB、ONSにより金融庁作成　（注1）上記の運用リターンによる資産の伸びは、資産価格の変動による伸びから算出しており、利子や配当の受取りを含まない（注2）対象期間は、2003年12月末～2023年12月末。23年12月末の為替レートで換算（1ドル＝150円、1ポンド＝183円）

ます。

家計金融資産では世界一である米国の場合、2003年から2023年までの20年間で、家計金融資産が3・1倍になりましたが、実は運用リターンによる部分が非常に大きいことがわかります。実に運用益が2・3倍にもなっているのです。

対して日本の場合、家計金融資産の総額は、同じ期間中で1・5倍に過ぎず、かつ運用リターンによる部分も1・2倍にしかなりません。

日本人の資産は約半分が現預金
アメリカ人の資産は半分が投資

この差は、一体何でしょうか?

もちろん、別にアメリカの人が全員、投資や運用がうまいわけではありません。

この差は持っている資産の内容によるものです。

それぞれの金融資産構成を見てみると、日本の家計部門の金融資産構成は、現金・預金が54%、株式・投資信託等が15%となっています。

図1-2 日米英の家計金融資産の内容（2023年8月）

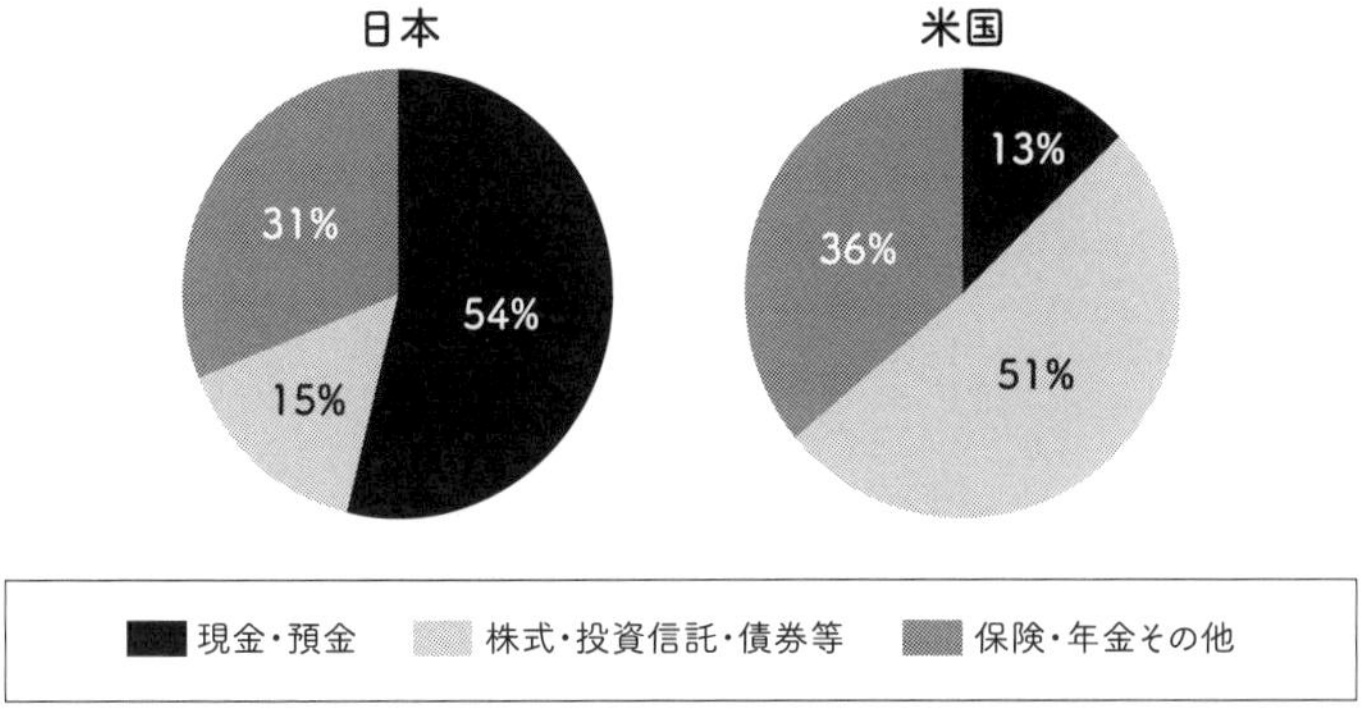

出所：日本銀行調査統計局より家計の金融資産構成　2023年8月　　作成：LUCAジャパン

対して米国のそれは、現金・預金が13％、株式・投資信託等が51％となっています。米国の場合、家計が保有しているリスク資産（投資している資産）の比率が、圧倒的に高いのです。

この二十余年間の金融環境から考えると、これだけの差が生じるのも仕方がないと言えるでしょう。

何しろ2000年以降の日本経済は、バブル崩壊の後始末、デフレ経済の長期化によって、「超」の字が3つも4つも付くような低金利が続いていたのですから。家計が保有する金融資産のうち50％以上も占める現金・預金からリターンがほぼ生まれない状況が続いた以上、20年間で運用リターンによる部分が1・2倍にしかならないのは当然のことです。

対して米国は、投資信託や株式等で運用されている比率が高いのに加え、この20年間、株価が大きく上昇しました。それが運用リターンを増大させ、京という巨額な額の個人金融資産になったのです。

アメリカの不労所得は日本の約3倍

もう1つ、興味深いデータがあるので、それもご紹介しておきましょう。それは日米可処分所得の内訳です。

可処分所得といって、収入から税金や社会保障費を抜いた、正味で消費に回せる所得が、何によってもたらされているのかを、日米で比較してみました（図1－3）。

基本的に収入は、働いて得られる労働所得と、事業活動による営業収入、そして株式投資などから得られる資本所得の3点に分けられます。

図1-3 日米可処分所得の内訳(2023年末時点)

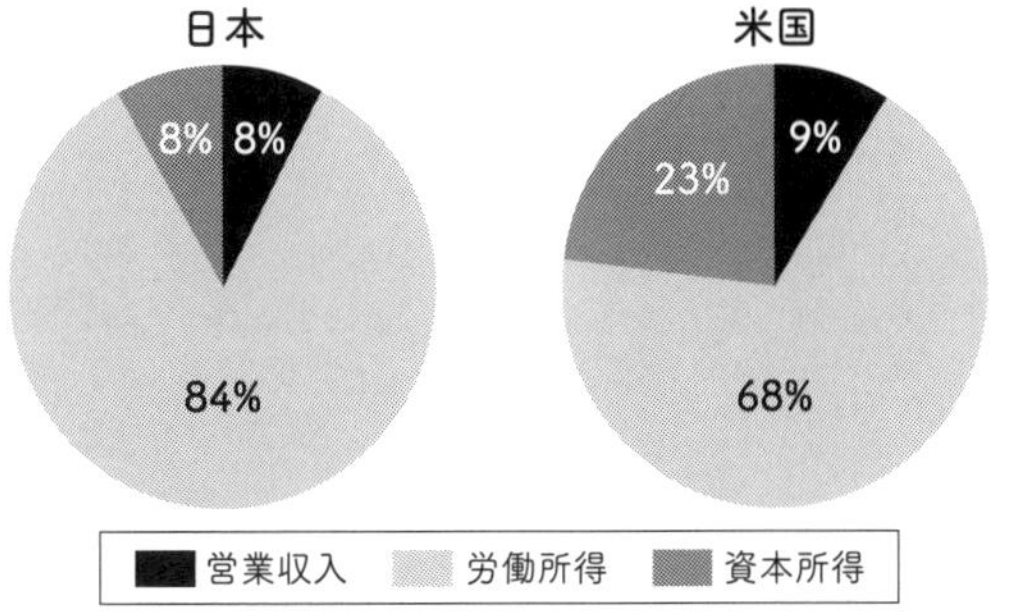

日本の労働収入は全体収入の84%に対し米国は68%
その分米国は資本所得が収入の23%

出所:内閣府、BEA　　作成:LUCAジャパン

その割合を見ると、日本の場合、所得に占める84%が労働所得で占められており、資本所得は8%に過ぎません。

これに対して米国の場合、労働所得は68%と日本に比べて低いものの、資本所得は23%を占めています。この違いが家計資産の伸びに大きな差をもたらしている要因の1つとも考えられます。

私たち日本人は、どうしても「働いて資産を増やす」という考え方になりがちです。それは決して悪いことではありませんが、世界を見れば「労働で得る収入」と「運用で得る収入」の両方を組み合わせながら、資産を増やしている人たちもいるのです。

日本の賃金は過去20年間ほぼ上昇していない

さらに追い打ちをかけるような悲観的な数値ですが、現実を直視するためにこちらも紹介しましょう。

先進主要国の２０００年から２０２０年の20年間の実質賃金を比較します（図１－４上）。実質賃金は、物価上昇率を差し引いた賃金です。すると、日本は20年経った今も20年前と物価上昇率を差し引いた賃金に変化がありません。**これは、稀なことです。**

しかも、この20年間の大半の年が、実質賃金が１００を割り込んでいるという事態であり、日本の賃金がデフレ環境下で下がることはあっても上がることがなかったのかを物語っています。

直近では、名目賃金と言われる、支払われている賃金は上昇傾向にあります（図１－４下）。しかしながら、皆さんも身近に感じているよう

図1-4 賃金収入の伸びが追い付かない

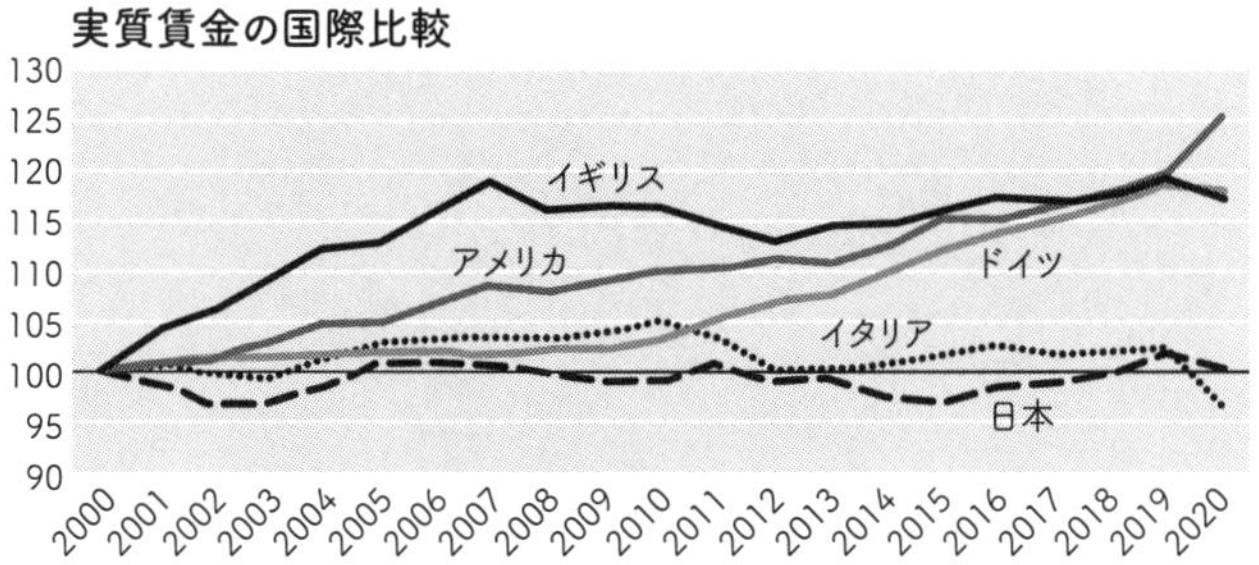

さらに賃金の伸びを比較すると……

日本は実質賃金の伸びがとりわけ低い

出所：IMF「名目賃金の国際比較」　作成：LUCAジャパン

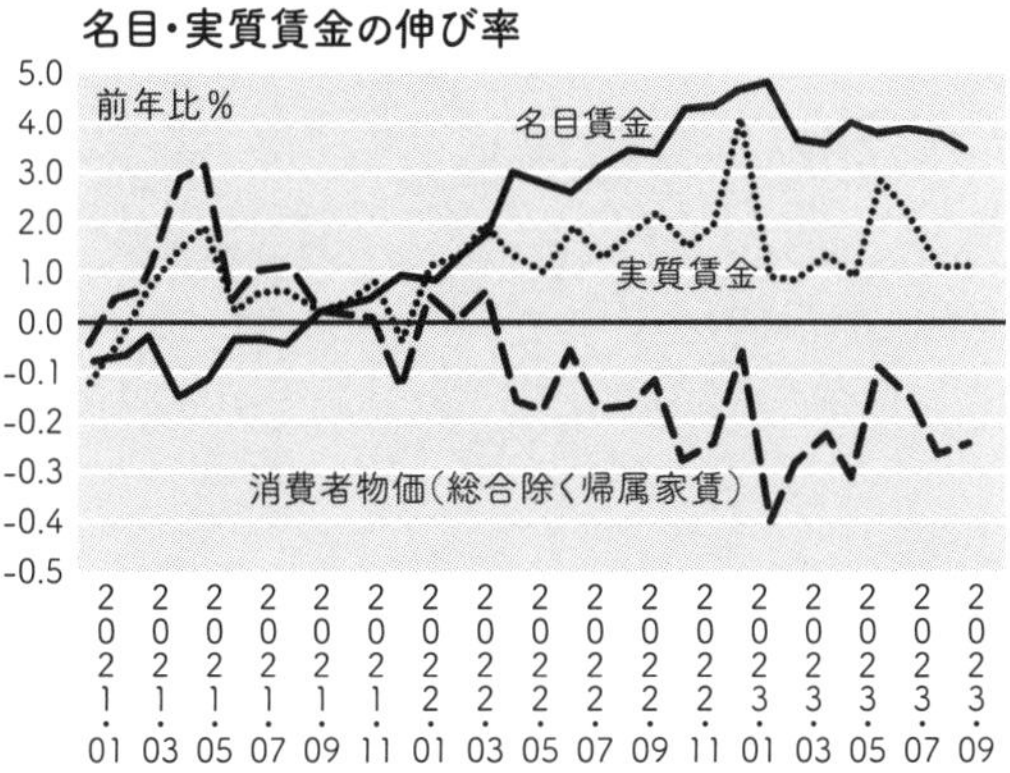

出所：厚生労働省「毎月勤労統計」

図1-5 日本の物価は近年上昇ー賃金収入の伸びは追いついていない

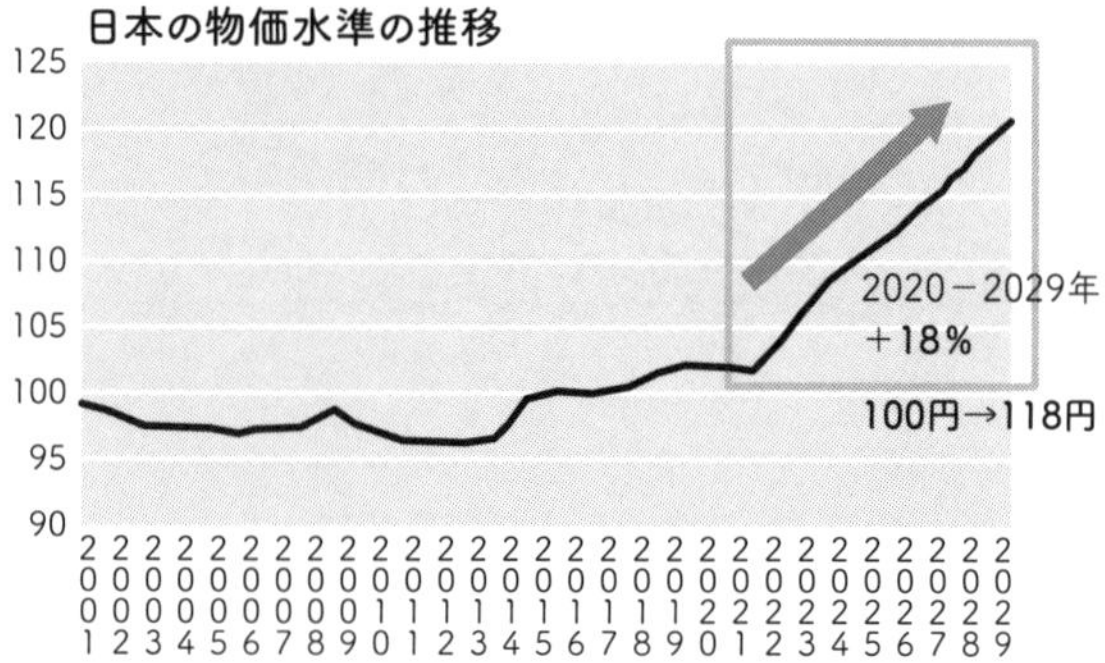

出所:IMFより年次インフレ率　2024－2029年は推定値

に、2021年以降は、物価上昇を示すインフレ率は急速に上昇しており、残念ながら実質賃金はそこまで伸びていません。

一方、前ページ図1－4上のグラフが示すように、国際通貨基金（IMF）の分析によると2020～2029年の日本の物価上昇率は18%と予想されています。

つまり、賃金の伸びが物価上昇に追いついていない状況が続いているのです。

これがどういうことか説明しましょう。わかりやすくするためにすべての品物が同じ価格上

図1-6 インフレで同じ価格のランチが食べられなくなる

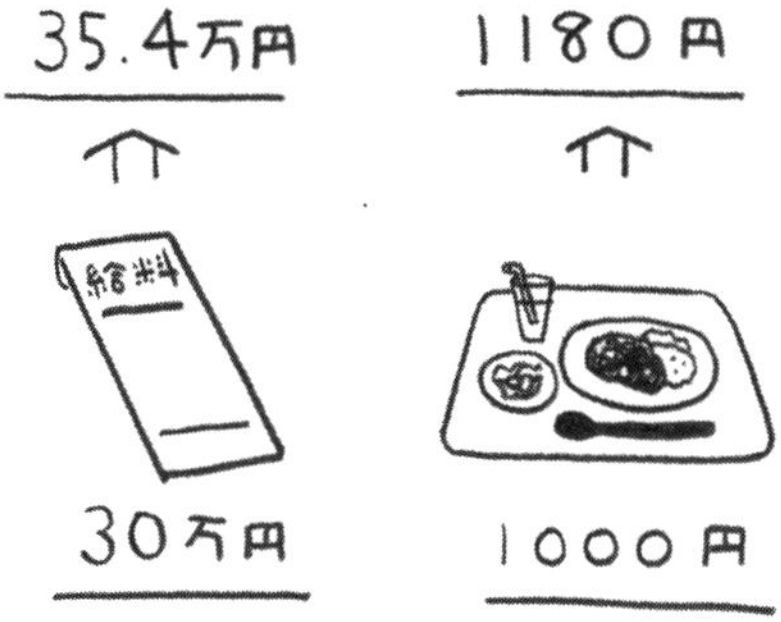

物価と同じように給料が上がらないと
同じランチが食べられない

昇を遂げたとします。たとえば2020年に1000円だったランチは2029年には1180円でなければ食べられなくなります。給与30万円が35・4万円になっていなくては同じ生活はできないということになるのです。

賃金がなかなか増えない日本で、労働所得だけで資産を持つということは、物価上昇で資産が目減りする状況に甘んじているということになるのです。私たち日本人こそ、そろそろ資産運用に健全に向き合うべきではないでしょうか？

日本の証券会社のビジネスモデルは、私たちにとってやさしいか？

ではなぜ、日本では個人の投資が遅れているのでしょうか？

一つには、先ほども触れましたが、日本独特の労働観があるように思います。

そもそも日本では、投資でお金を増やすことが美徳と思われていないという、いささか文化的な側面が強くあります。私の祖母の世代などは特にその意識が強く、少しでもお金の話をしようものなら、「そんな下品なことは言うな」と、よく言われたものです。この手の意識が多くの日本人の根っこにあることが投資の知識が広がらない原因のような気はします。

もう一つ、別の視点からの問題として金融業界のビジネスモデルがあると思います。

日本では、金融商品を提供する事業者としては、証券会社の存在が非常に大きく、本来の資産運用サービスの充実が遅れてきたという事実があります。そもそも証券会社のビジネスモデルは、「ブローカービジネス」（ブローカレッジ）と呼ばれ、**顧客が金融商品を売買する売買手数料がその収益となる仕組み**になっています。したがって、証券会社はより多くの売買があることが重要となります。

このモデルでは、ブローカーが自分の手数料収入を増やそうと思ったら、極端な場合、個人顧客の事情は一切考慮せずに、ひたすら回転売買を勧めるようになります。つまり自分の損得と顧客の損得が相反する、利益相反の関係が強く働いてしまうのです。

このような状況で、顧客にとって正しい情報が、しっかり入ってくるのでしょうか？

とはいえ他に選択肢があまりない日本にいる方にとっては、「証券会社とはそういうもの、それが当たり前」と考えているかもしれません。

しかし、アメリカでは、そうではありません。

ブローカービジネスをしている証券会社とは別に、個人の側に立って金融商品の組入をしたり、ポートフォリオ全体のアドバイスをする資産運用サービスが存在します。

顧客の資産運用にアドバイスをして、**その資産残高の何％を手数料としてもらう**という仕組みで動いているため、手数料を増やすためには、顧客の資産が増える必要があるのです。当然顧客は自分の資産が増えることが重要ですから、目的が合致します。顧客とサービス提供者のインセンティブが同じなのです。したがって、本当に顧客にとって必要な情報が入ってくる可能性が高いと考えられます。

実際、米国においては「弁護士」、「医師」、そして「ファイナンシャル・アドバイザー」の3人を友達に持つべきだなどと言われているくらいですが、日本でも正しく運用をサポートしてくれる存在が欲しいものだと思います。

昨今はＩＦＡと呼ばれる資産運用サービスを提供する専門家も増えて

図1-7 金融サービスのビジネスの仕組み

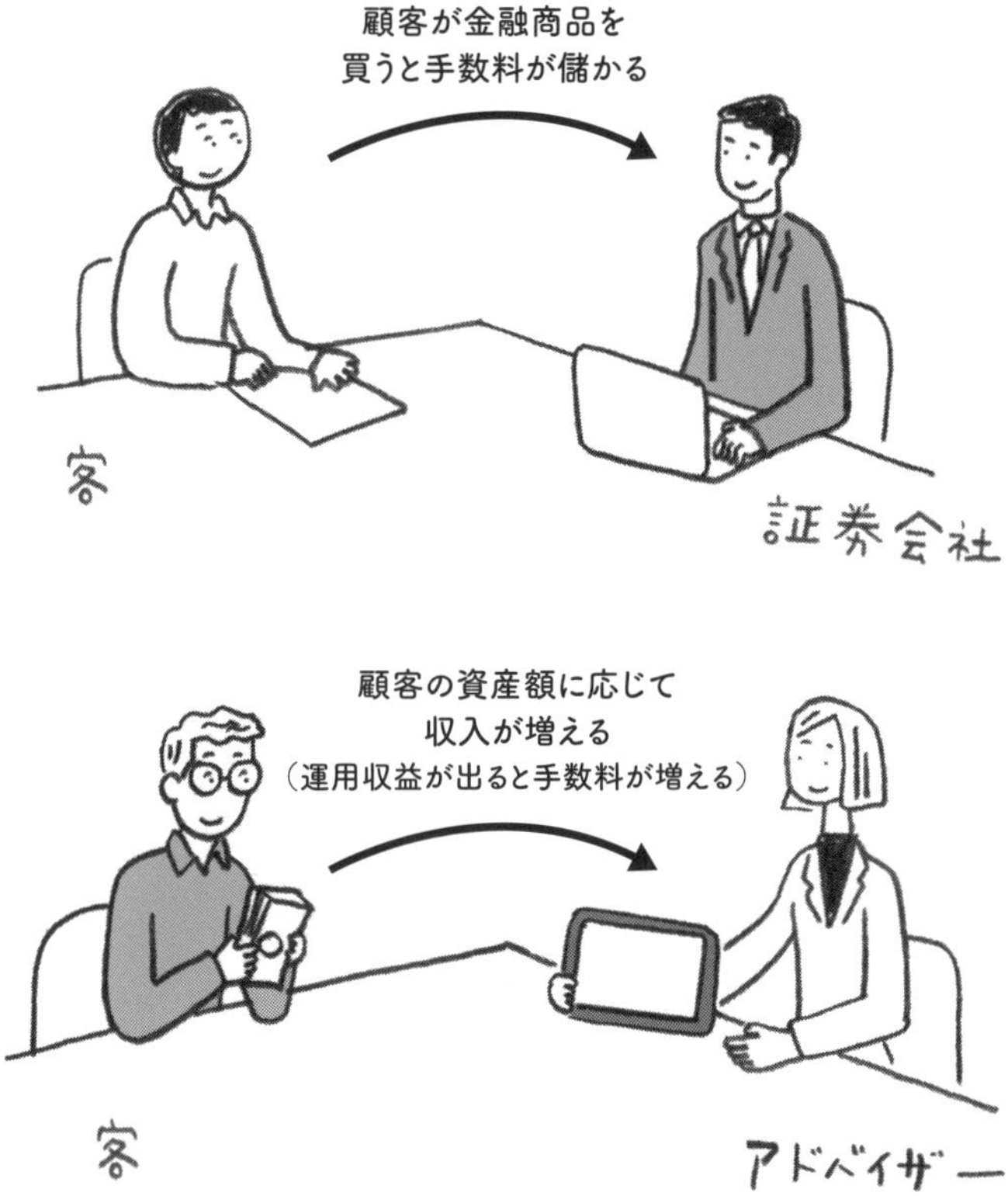
顧客が金融商品を
買うと手数料が儲かる
客
証券会社
顧客の資産額に応じて
収入が増える
（運用収益が出ると手数料が増える）
客
アドバイザー

きました。ＩＦＡとはIndependent Financial Advisorの略語で、直訳すると独立系投資助言者となります。これは米国のＲＩＡ（Registered Investment Advisor：投資顧問業者）モデルを模したものであるのですが、ビジネスモデルは大きく異なります。

米国ではＲＩＡの収益は、ＳＥＣ（米国証券取引委員会）とＦＩＮＲＡ（金融業規制機構）によって、その収益は「顧客残高の◯％」または「年間◯×ドル」といった固定手数料」と決められています。

先の証券会社に代表されるブローカービジネスは、売買手数料（コミッション）が収益となりますが（ただし、開示等が義務付けられています）、ＲＩＡはコミッションは取れないことになっており、この2つのビジネスモデルは明確に区別されているのです。

しかしながら、「独立系」であるとされる日本のＩＦＡは証券会社のスポンサーを受けているため、その多くの収益モデルは証券会社の金融商品を販売することで得られる手数料（コミッション＝証券会社からのキックバック）により成り立っているのです。なかには、米国流ＲＩＡ

モデルを踏襲して、残高の%や固定料金で資産運用の助言をするＩＦＡや証券会社による資産運用サービスもありますが、残念ながらまだ非常に少数派です。

だからといって「顧客にたくさん売買させて手数料を稼ごう」という悪意がＩＦＡにあることを意味するわけでは決してないですが、根本的なビジネスモデルが変わらない限り、インセンティブが間違って働くということは否めない、そんな状況になっているということです。米国の場合は規制でメスを入れたわけですが、日本ではまだこの改革には強く乗り出してはいない状況です。

なぜ、株価は落ちるのか⁉
——損したくない人が知っておきたいこと

さて、ここまで日本の問題についてまとめてきましたが、もう一つ、私たちが投資に積極的になれない理由があると思います。

それは「怖いから」。

「投資は関心があるけれど、株の下落などのニュースを見ると、リスクが怖い」

「株式を持っているけれど、よくないニュースがあると、気が気ではなくなる」

投資に関連する人は誰でも、市場の動きは気になるものです。持っている資産の価値が下がるのは、誰だって嫌です。様々な投資をしている私も、できれば落ち着いて眠っていられる投資をしたいわけです。

しかし、残念ながら、株価は落ちますし、市場も下落します。

さらに言えば、今、その経済予測は、前にも増して難しくなっているように思うのです。

2024年8月 なぜ株価が大暴落したのか

2024年1月に実施されたNISAの制度見直しが、個人の資産運用に対する関心を高めたのは前述した通りです。そして同年8月、それに水を差す大きな出来事がありました。株価の大暴落です。

2024年8月1日の日経平均株価は、前日比で975円安となりましたが、2日は2216円安、週末を挟んで5日は4451円安となり、この3営業日で7642円も下落しました。特に5日の4451円安は、1987年のブラックマンデー時の下落幅を上回り、過去最高の下落幅になりました。

この大暴落の原因については、いろいろ言われています。「7月31日の金融政策決定会合で、日銀が政策金利を0・25％に引き上げたから」とか、「植田日銀総裁が追加利上げの方針を示したから」、あるいは「米国の経済指標が悪化したから」など、後になればなんとでも言えるわけですが、正直、いずれにせよ日経平均株価を3日間で7642円も下げさせるだけの原因とは思えません。

しかも、4451円という過去最大幅の下落となった5日の翌日、6日には3217円も値上がりしたのです。過去最大の下げ幅となった翌日には過去最大の上げ幅となりました。

この株価の値動きが、日本経済や日本企業のファンダメンタルズ（国の経済状況や企業の財務状況）を反映したものとはとても思えません。

こうした激しい、説明のつかない値動きが、今のマーケットではいともたやすく起こってしまうのです。そして、今後、こうした値動きはより起こりやすくなるのではないかと考えています。

株価が急に落ちるときに起こっていること

そもそも、イレギュラーな株価の下落は、どのように起こるのでしょうか？

こうした値動きの裏側には、巨額の資金を動かしているプロの投資家がいることが多いのです。2024年8月の下落も、プロの投資家がいると確信しています。彼らは常にマーケットで投資家がどのようなポジションを持っているのかを、じっと観察しており、大きな偏りが生じたとき、その反対方向に多額の資金を投入してマーケットを動かします。

少し詳しく説明しましょう。

たとえば日本の株価がさらに上昇するはずだと思っている投資家が大勢いると、日本株の買いポジションが大きく膨らんでいきます。このような状態で、もしその見通しを大きく覆すようなニュースが飛び込んできたら、日本株を買っている大勢の投資家は、そのポジションを投げてきます。そのとき、大きな資金を投資しているプロの投資家が一気に日本株を売ることで市場に大きな下落をもたらすのです。そうなると株価は下げ止まらなくなり、なんとか日本株を売らずに耐えている投資家までもが不安に駆られて、保有株を売ってきます。

こうして売りが売りを呼ぶ状態になって株価は暴落し、ファンダメン

図1-8 相場が落ちるとき何が起こっているか

タルズでは、通常では説明のつかない水準まで下げていくのです。

もう一歩踏み込むと、8月5日の日本株急落には、為替相場の影響も背景にあるとされています。「米国景気後退リスク」が意識され、「リスクマネー」が急速に巻き戻しとなったとされています。

多くのプロ投資家は金利の安い日本円を調達し、（円を売り（ショート））、金利の高い通貨（たとえば米ドル）で運用（米ドルを買い（ロング））するキャリートレードを行なっていますが、リスクが市場で認識される局面では、この円売りドル買いのポジションが急速に巻き戻され、逆転することで、急激な円高となることがあります。日本株市場は、輸出企業の割合が高いため円高となると下落傾向になります。海外株安も相まって、日本株市場は大きく下落しました。

このように、プロ投資家の大きな資金が動くときには、連鎖的に市場下落が起こります。

株式、債券、外国為替など、マーケットの違いにかかわらず、この手

図1-9 キャリートレードの仕組み

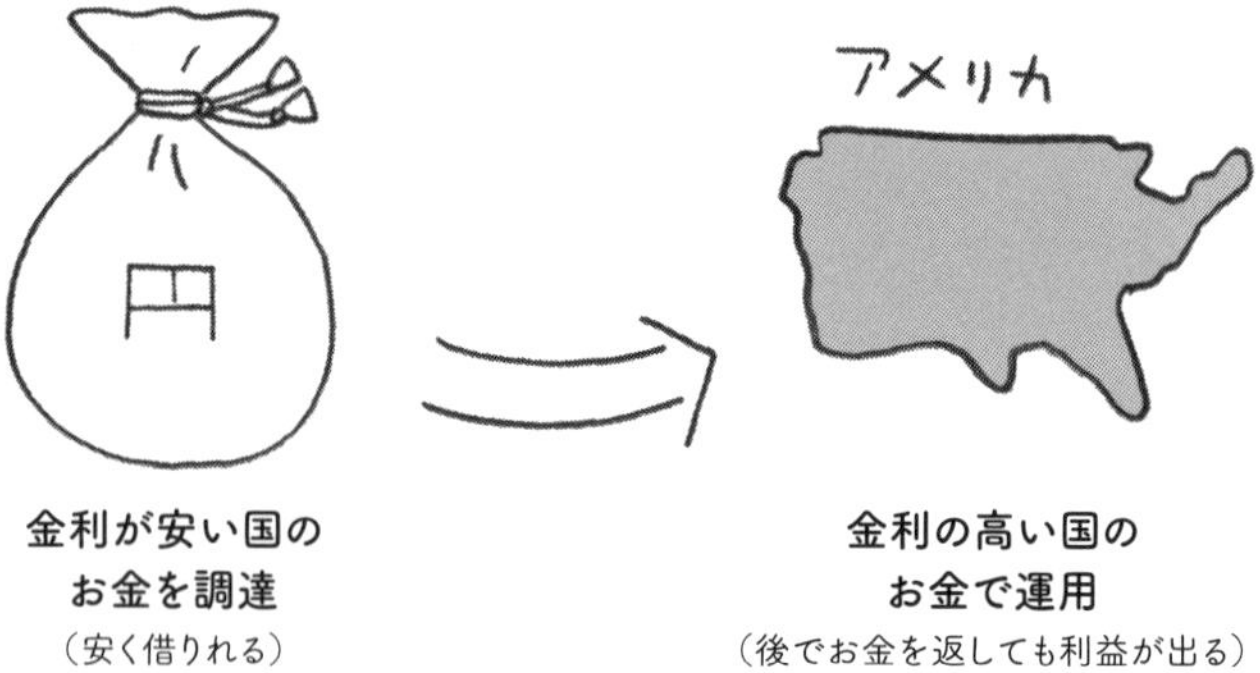
円
アメリカ
金利が安い国の
お金を調達
（安く借りれる）
金利の高い国の
お金で運用
（後でお金を返しても利益が出る）

の暴騰・暴落は起こりえます。当然、皆さんが保有している資産の一部に、株式や債券などのマーケット型の金融商品を組み入れれば、暴騰・暴落による影響を受けざるをえなくなります。したがって、マーケット型の金融商品に投資する際には、価格が急落しても冷静でいられるような程度の資金で投資することが肝心なのです。

さらに読めなくなった金融市場

株価が落ちるメカニズムを今ご説明しましたが、イレギュラーな動きが増えており、値動きの予測が難しくなっています。その原因を3つ挙げます。

ヘッジファンドが大量に、「ウソ！」みたいな理由でお金を動かす

プロ投資家の投資行動は、ファンダメンタルズ以外の要因に左右されることが結構あります。

ファンダメンタルズとは、簡単に言うと景気や企業業績の良し悪しのことです。

株式に投資する場合を考えてみてください。投資したい企業を探すの

であれば、真っ先に企業業績をチェックするでしょう。これがいわゆるファンダメンタルズ分析の「ボトムアップ」という手法です。

また、株式投資の別のアプローチとしては「トップダウン」と言って、景気や金利、為替動向などのマクロ経済指標から、国や業種、投資テーマを絞り個別銘柄の選別に落とし込んでいく方法もありますが、こうしたマクロ経済指標も、ファンダメンタルズ分析の一環とも言えます。このように、投資判断を下すのに際して、国の経済状況や企業の財務状況などのデータを分析するのが、ファンダメンタルズ分析です。

ファンダメンタルズ分析は投資判断の基本中の基本であり、多くの投資家が投資判断を下す際の拠り所になっているのですが、機関投資家の場合、ファンダメンタルズ以外の事情で売買を執行しなければならないケースがあります。

典型的なのは、Ｓ＆Ｐ５００[*3]などの株価インデックスに運用成績を連動させる**インデックスファンド[*4]の銘柄に動きがあった場合**です。

Ｓ＆Ｐ５００に採用されるためには、いくつかの条件をクリアする必要があります。

①米国を本拠地とする上場企業であること
②時価総額が205億ドル以上[*5]
③時価総額に占める浮動株比率が最低50％以上
④半期の売買高が25万株以上
⑤直近四半期が黒字であること

といった点であり、これを満たせないとS＆P500の構成銘柄から外されてしまいます。

企業規模や業績は常に変化しますので、S＆P500の構成銘柄も随時変更があります。平均すると年間20～30銘柄ほどの入れ替えがあるのですが、この入れ替えは不定期に行なわれます。

さて、このとき、NISAやiDeCoの商品の1つとして皆さんに

＊3　S＆P500は米国の株式を代表する指標。上場する企業の株価のうちの500銘柄の「時価総額」を指数化したもの
＊4　インデックスとはベンチマーク指標のこと。日経平均やS＆Pなどの金融指標に連動して動く投資信託のこと
＊5　S&P US indices Methodology in S&P Dow Jones indices by S&P Global　2025年2月公表

も馴染みのある、S&P500に連動させることを目標にしたインデックスファンドやETF[*6]はどうするでしょうか。当然、S&P500に連動させることを目標にしたインデックスファンドは、構成銘柄から外された銘柄をすべて売却し、新たに構成銘柄になった株式を買わなければなりません。

こうした株価インデックスの構成銘柄の入れ替えは、ファンダメンタルズ以上に株価が大きく動く要因となることがあります。当然、構成銘柄の変更が予想されていたものは影響が小さいですが、サプライズで除外された場合は大きく下落します。

また、連動型ではなくとも世の中の米国株式に投資をするファンドはベンチマークとしてS&P500を採用している場合も多いですので、こうしたファンドもポジションの調整を行なうこととなり、市場に大きな影響を及ぼすことになるのです。

過去には、2020年4月に米国ショッピングモールのMacy's（メイシーズ）がS&P500から除外される際には、公表から実際の除外までの4営業日で18％以上の株価の下落が起こりました。[*7] また、逆にTesla（テスラ）が新しく構成銘柄に組み入れられた際には2020年11月の公表時から12月の1か月の間に70％株価が上昇しました。[*8]

あるいは、これはヘッジファンドの運用者によく見られることなのですが、彼らは**夏休みやクリスマス休暇の直前になると、いきなり自分が持っているポジションを売却します。**これからさらに儲かる可能性があるとか、景気がよくてさらにマーケットが上昇するとか、そのような理由はまったく関係なく、ポジションを閉じてしまうのです。

なぜかというと、自分がゆっくりと長期休暇を取りたいからです。

「ウソ！」と思うでしょう。でも、本当なのです。

特にヘッジファンドを運用する場合、極めて高いレバレッジをかけてポジションを持つ性質のファンドもあります。レバレッジが高いと、ほ

＊6　証券取引所に上場している投資信託のこと。「上場投資信託」
＊7　2020年3月30日公表直前終値＄5・37から2020年4月6日インデックス除外日直前（4月3日）最安値＄4・40
＊8　2020年11月16日公表時終値：＄408・09から組入前日の2020年12月18日終値：＄695・00

んのわずかな値動きで莫大な損失を被ることがあります。そんなポジションを持ったまま、ゆっくり長期休暇などできるはずがありません。だから売却してしまうのです。

このようなプロ投資家が運用している資産は1京9000兆円にも上ります。どれだけ真面目に金利や中央銀行の動向をウォッチしていたとしても、あるいは企業業績を分析していたとしても、このような巨額な資産が動くことで、ファンダメンタルズとはまったく関係のない理由(ときには運用担当者の夏休みといった程度の理由)で、マーケットは大きく振り回されてしまうケースがあるのです。

スーパーコンピュータとSNSが市場を変える

この10〜15年で、投資の世界は様変わりしました。何が大きく変わったのかというと、トレーディングの世界にコンピュータが本格的に入ってきたことです。

もちろん、株式や債券を売買して利益を稼ぐトレーディングの世界にコンピュータが入ってきたのは、かれこれ30年以上も前からのことですが、特にここ10年から15年で、コンピュータの性能が大きく進化したことにより、膨大なデータを瞬時に解析し、何をどう売買すればよいのかというところまで踏み込んで、コンピュータが判断できるようになりました。しかも、人間が考え判断して注文を出すのとは、比べ物にならないほどの高速売買も可能になりました。

今後、コンピュータの処理速度が上がれば上がるほど、100万分の1秒、10億分の1秒といった超短期の売買が可能になるわけです。何かのタイミングで、こうしたコンピュータたちが、一気に売りに出すようなことがあれば、一気に市場が冷え込むでしょう。さらにAIが入ると、従来考えられなかったことが起こる可能性さえあります。

もう一つ、予想ができないものとして、SNSがあります。

2021年1月、証券取引アプリである「ロビンフッド」を利用している個人投資家たちが、オンライン掲示板である「Reddit」を通じて、ゲームストップの株を買うことを呼びかけ、ゲームストップの株価が吊り上げられるという出来事が起こりました。この件で、ゲームストップの株価は一時期、190倍にまで上がったのです。

このとき、ゲームストップの株価が吊り上げられる一方で、同社の株価の下落にかけて空売りしていたヘッジファンドは、大損害を被りました。そのなかの1社であるメルビン・キャピタル・マネジメントは、実に9000億円超の損失を被ったとされています。

推測の域を出ませんが、大量の個人投資家の呼びかけでゲームストップの株価が急騰するなか、ほぼ間違いなく、前述した超高速処理が可能なコンピュータを用いたトレーディングで、莫大な利益を得たプロ投資家もいるはずです。

しかし、株価が190倍になったと言っても、それはゲームストップのファンダメンタルズが驚異的によくなったと、株価が織り込んだからではありません。単にSNSへの書き込みに同調した大勢の個人投資家が、同じ投資行動を取っただけのこと（そして恐らく、それにトレンドフォロワーと呼ばれる短期追随型のヘッジファンド戦略が乗った）です。ファンダメンタルズとはまったく無関係の株価形成と断言してもよいでしょう。

超高速処理を可能にしたコンピュータを用いたトレーディングと、SNSによって作り出されるファンダメンタルズ無視の投資行動による市場の混乱が、今後、ますますマーケットを席巻していくなか、個人投資家が教科書通りの投資を行なったとして、果たして着実に資産を築いていけるものでしょうか。

ファンダメンタルズも、今まで個人投資家がよくやっていたチャート分析も、ローソク足も、今までのようには機能しない。

そんな状況がすでにきているように思います。

「負けない」を目指せ

投資はしなければならない。
でも、今後の値動きはさらにわからなくなる。
こうしたなかで、私たちはどうすればよいのでしょうか?

それは「負けない」投資を目指すこと。
そのためには、投資において「負けない」ことに注力している人たち、つまりアセット・オーナーと言われる機関投資家の投資の考え方を学ぶことです。

ここで、少しだけ自己紹介をさせてください。シデナム慶子とは何者なのか、と思われている方もいらっしゃると思います。

今はLUCAジャパン株式会社の取締役CEO・共同創業者で、オルタナティブ投資の民主化を進めています。
ここではまず私のキャリアからお話ししましょう。

私の24年間の金融業界におけるキャリアの大半は、アセットマネジメント業界です。前述の通り、日本の金融機関・生命保険会社向けにヘッジファンド投資を行なっていた時期を経て、その後、米系の資産運用会社であるJPモルガン・アセット・マネジメント、ブラックストーンでオルタナティブ投資の戦略を機関投資家向けに説明し、ニーズに応じた戦略を提供することに従事してきました。

皆さんが資産運用する際の対象とされる金融資産のうち、最も伝統的なものとしては株式と債券が挙げられます。直接購入してはいなくても持っている投資信託に入っている可能性は高いでしょう。
オルタナティブ投資を簡単に説明すると、こうした伝統金融資産以外の資産すべてが該当する、と言ってもよいでしょう。具体的には未上場企業への投資をするプライベート・エクイティ戦略や、プライベートクレジット、不動産や金、インフラ、様々なヘッジファンド戦略などが挙げられます。また、資産価値の上昇を期待して所有する場合には、ワイン、クラシックカー、美術品などの実物資産も広義のオルタナティブ投資と言えます。こういったオルタナティブ投資の戦略を、様々な機関投資家向けに説明し、彼らの投資ポートフォリオの一つに組み入れてもらえるように提案するのが、私の仕事でした。

当時のお客様は、メガバンクや生命保険会社、GPIFをはじめとする公的年金基金、大手企業の企業年金が中心です。どれも「将来を考えて、資産を減らすことができない」顧客です。

そして今、私が共同創業者として設立し、CEOとして経営しているLUCAジャパン株式会社は、機関投資家や大手企業だけでなく、個人でもオルタナティブ投資ができるようにすることを目的にしています。これまで最低投資金額が高額であったオルタナティブ投資を小口化し、オルタナティブ投資の民主化を進めるのが、私たちのミッションです。

オルタナティブ投資のメリットは、株式や債券といった伝統金融資産のポートフォリオを持っている投資家にとって、高い分散投資効果が期待できることにあります。株価や債券価格が下落する局面でも、下落幅を抑え、ときにはプラスのリターンを得る機会が得られるのです。そこで、リスク分散をし、安定したポートフォリオ運用を必要とする多くの機関投資家がオルタナティブを取り入れているのです。

なぜ、リーマン・ショックでも資産を増やせたのか

冒頭の話に戻りますが、皆さんは2008年のリーマン・ショックを覚えていらっしゃいますか。

その前年、サブプライム・ローンといって、サブプライム層、つまり優良客（プライム層）よりも下位と見られている層向けの住宅ローンに不良債権が生じ、それを組み入れた証券化商品の相場が大きく崩れ、それらに投資した金融機関が多額の不良債権を抱え込むことになりました。それが原因で、リーマン・ブラザーズという米国で長い歴史を持つ

投資銀行が経営破綻に追い込まれました。これがリーマン・ショックです。

米国最大級の投資銀行が経営破綻に追い込まれたことによって、世界中の金融市場ではパニックが起こり、米国以外の国の株価も暴落しました。しかも国内外の株価だけでなく、多種多様な債券の価格、不動産投資信託の取引価格といった伝統金融資産の大半が、暴落状態に陥ったのです。

ところが、このようなパニック的なマーケットでも、下落幅を抑え一部ではしっかりリターンが得られたものもあるのです。それがオルタナティブ投資でした。

このとき、私はオルタナティブ投資のなかでも「ヘッジファンド」を主にウォッチしていました。

少し専門的な話になりますが、ヘッジファンドの投資には、マーケットが値上がりするほどリターンが得られる戦略もあれば、逆にマーケットが下落するほどリターンが得られる戦略もあります。

また、マーケットの方向性とは関係なく利ざやでリターンを積み重ねる戦略もあります。

私たちのオルタナティブ投資チームは、様々なヘッジファンドの戦略のなかで、マーケットが暴落するほどリターンが得られる戦略も、ポートフォリオに組み入れていました。

2008年は、サブプライム・ショックとリーマン・ショックが起こるまで、マーケットは上昇し続けていましたから、マーケットの下落に賭ける戦略は、マイナスのリターンが続いていました。

そのため、マーケットの下落に賭ける戦略を今後どうするか、チーム内で侃々諤々《かんかんがくがく》となりました。ある人は「もうだいぶ損失が積み上がっているからポートフォリオから外そう」と言っていましたし、一方では「いやいや、そろそろマーケットは下げに転じるはずだから、むしろレバレッジをかけて比率を高めよう」と言う人もいました。

結果、サブプライム・ショック、リーマン・ショックによってマーケットが大暴落したため、私たちが持っていたヘッジファンドのポートフォリオは、マーケットの値上がりに賭ける戦略には大損が生じたものの、値下がりに賭ける戦略で大きな利益が得られ、ポートフォリオ全体では資産の保全ができました。

「え？　そんな動きをした人はいないのだから、大儲けしたんじゃないの？」と思った方もいらっしゃると思います。

でも、これでよいのです。

機関投資家の運用は、大儲けすることが目的ではありません。年5％程度の安定したリターンを地道に積み上げていくのが、アセット・オーナーである機関投資家の運用なのです。それを実現させるために、マーケットが上がっても下がっても、大きな損失を出さない、ほんのわずかでもよいからプラスのリターンを確保できるような、分散型のポートフォリオを持つようにしているのです。

何が起こるかわからない今、堅実にお金を増やしていきたい個人投資家が目指す投資のあり方も、まさにこうしたものなのではないでしょうか？

資産運用のスキルが必要な時代に

これからの世の中を生きていくうえで、資産運用は必要不可欠なスキルになります。

・物価上昇
・低金利
・上がらない給料

この3つによって、何もしないでいては、私たち日本人の家計は圧迫されるばかりです。

近年の物価の上昇は、誰でも実感のある話ではないでしょうか。

2022年以降、世界中で物価上昇が深刻化するなか、日本でも物価が上昇に転じ、2024年11月時点の消費者物価指数は、「生鮮食品及びエネルギーを除く総合」で、前年同月比2・4％の上昇となっています。

通常、物価が上昇したとしても、金利がある世界なら、預貯金などから得られる金利収入によって、多少なりとも物価上昇リスクを軽減できます。

しかし皆さんもご存じの通り、日本は今でも超低金利が続いています。確かに日本銀行は、徐々に金利を引き上げる方向へと金融政策の舵を切っていますが、かなり慎重です。

目下の問題は、金利が物価の上昇率を上回るほど上昇しないことにあります。

２０２４年12月の金融政策決定会合で、景気を抑制しなければ刺激もしない、「中立な金利水準」を目指すとしていましたので、引き上げには相応の時間をかけていくでしょう。

それに加えて、もう一つ大きな問題があります。前述の通り私たち日本人の賃金が、20年以上にわたって、まったく増えていないことです。

もちろん、そんな日本でも２０２３年くらいから徐々に賃上げの動きが出はじめていて、新卒初任給が30万円などというケースも出てきました。人手不足が常態化するなか、新卒初任給を引き上げないと優秀な人材を確保できないという、企業にとっては切実な事情があるからです。

40〜50代は最後の貯めどきを失うか？

しかし、いくつか報道されているように、賃上げと言ってもすべての世代で引き上げられているわけではありません。日本経済団体連合会（経団連）が２０２４年1月に公表した「人事・労務に関するトップ・マネジメント調査結果」によると、ベースアップの具体的な配分が「若年層（30歳程度まで）への重点配分」という回答比が34・6％だったのに対し、「ベテラン層（45歳以上）」は、わずか1・1％でした。つまり若手の賃金は大きく増えても、そのしわ寄せとして40代、50代の賃金はほとんど伸びない状況になっているのです。

これは非常に大きな問題です。なぜなら50代は老後の資産形成における「最後の貯めどき」と言われているからです。

たとえば結婚して子どもがいる家庭をイメージしてみてください。50代ともなれば、子どもの教育費が一段落して、家計にゆとりが生まれてくるタイミングです（近年は晩婚化・晩産化と言われていて、必ずしもこのケースに当てはまるとは言えませんが、一般的にはそう考えられます）。

そのため、50代を貯めどきとして、多くの人たちは自分たちの老後資金を蓄積するわけですが、前述したように賃金が上がらないとなったら、そのプランは根底から崩れてしまいます。貯めたくても貯まらない状況になってしまうのです。

このような厳しい状況から脱するための方法は、やはり資産運用をするしかありません。資産運用は若いうちから始めたほうがよいと言われますが、本当の意味で資産運用を必要としているのは、現在の40代、50代といった中高年層なのかもしれません。

すべての人に「運用」が必要

これからの日本を考えると、私たちは手元の資金を効率的に運用していかなければならない必要性に迫られています。

最近は徐々に金利が上がってきているので、「この先も預貯金で運用しておけば大丈夫じゃないか?」といった声も聞こえてくるのですが、果たしてこのまま金利がどんどん上がるかというと、決してそのようなことにはならないでしょう。

それを大きく上回るインフレ率が予想されているなか、預金では実質的資産価値は目減りしているということになるのです。

このような環境下においては、自分の保有している資産の一部を、インフレに強い資産に振り分けておく必要があります。

具体的には価格転嫁のしやすいセクター企業の株式や、それを組み入れた投資信託、金、不動産などが該当します。もちろん本書でこれから触れていくオルタナティブ運用の一部（インフラストラクチャー投資や森林投資など）もその一つです。これらを組み合わせることによって、物価上昇率を上回る運用リターンを生み出すことができれば、インフレリスクを排除できます。

もっと言えば、私たち日本人は公的年金の財政が今後、非常に厳しくなるだろうという状況に直面しています。

「公的年金は破綻しない」と言われていますが、本当でしょうか。もちろん、現行の仕組みを維持しているのであれば、公的年金の財政が破綻して、高齢者の年金が支払われなくなるという事態は、起こらないと思います。

しかし、公的年金の支給は続けられたとしても、受け取れる金額はどうでしょうか。少なくとも公的年金の支給額が現状のままとは思えません。もちろん来年、再来年にどうこうなるというものではありませんが、徐々に時間をかけながら、年金の支給額は減額されていくでしょう。

根拠はこれからの人口構成にあります。

日本の年金については、公的年金を受け取れる65歳以上の年金は、その下の世代が担う仕組みになっています。

２０２０年時点における65歳以上人口は３６０２万人。対して15～64歳人口は７５０８万人です。つまり、２・08人で１人の年金を支えていることになります。[*9]

では将来はどうなるでしょうか。２０２５年時点で22歳の人が65歳になって定年を迎えるのは、今から43年後なので、西暦２０６８年です。

このときの65歳以上人口は３４２７万３０００人で、15～64歳人口は５１３４万８０００人です。実に１・49人で１人の年金を支えることになります。

２０２０年時点では２・08人で１人の年金を支えていたのが、２０６８年には１・49人で１人の年金を支える。これが意味するのは、年金を受け取る側からすれば、支給される額が減額されることであり、年金保険料を払う側からすれば、保険料が上がることでしょう。そうならなければ

＊9　国立社会保障・人口問題研究所「日本の将来推計人口（令和５年推計）結果の概要」

ば、年金財政を維持し続けることはできません。

先ほど、若い人たちは初任給が増えていると言いましたが、だからといって安心はできません。今の若い人たちが年金を受け取るときは、年金保険料を払う人たちの人口が今以上に減少しているため、受け取れる年金の額が大きく減額されてしまう恐れがあるのです。

このように考えると、すべての年齢の人たちにとって、お金を運用しなければならないことがわかります。

第2章

投資をするなら、海外の機関投資家に学べ

プロの投資家とは何か？

第1章では、私たちが投資をする必要があること、ただし、今までの方法ではうまくいかないのではないか、ということをお伝えしました。では、今後、どのような方針で投資・運用をしていけばいいのか、それについてこの章では説明していきたいと思います。

プロの投資家は2種類

第1章で、市場を動かしているのはプロ投資家であることを説明しました。では、プロの投資家とは具体的にどういう人たちなのかを、説明していきましょう。

本書で言う「プロ投資家」とは、英語で言うと、「Institutional Investor」

です。これを日本語にすると、一般的には「機関投資家」などと称されています。そして、この機関投資家には2つのタイプの投資家がいます。

①アセット・オーナー

1つは「アセット・オーナー」です。狭義の機関投資家と言ってもよいでしょう。具体的に言うと財団とか年金基金が該当します。

財団とは、特定の目的のために拠出された「財」を集め、それをもとにして公共の利益に資する活動をする非営利団体です。たとえば「学術・科学技術振興」や「文化・芸術の振興」「高齢者福祉の増進」など、活動内容に高い公共性が認められて初めて設立が認可されるもので、同時に税制面の優遇措置を受けることができます。

また年金基金は、恐らく本書を読んでいる皆さんも加入されていると思いますが、定年後に皆さんが受け取る年金を運用しています。

なぜ財団や年金基金が資産運用をしなければならないのかと言うと、インフレによって資産価値が目減りするのを防ぐためです。

たとえば財団は、前述したように集めた財をベースにして公共性の高い活動を行なっていますが、この財が取り崩されれば、いつか底を突いてしまいます。それでは長期間にわたって活動できなくなるので、集めた財を運用に回すのです。

また年金基金も、集めた年金保険料から、支払う年金の差し引きで余った部分については、積立金として運用されます。運用によって得た利益で年金の財政を安定させ、少しでも長く年金が持つようにするのです。

そもそも、保有している資産がすべて現金だと、インフレが進んだときに資産価値が目減りしてしまいます。それを防ぐために、保有している資産を運用に回しているのです。

②資産運用会社

そしてもう1つ、広義の機関投資家と言った場合、そこにはアセット・オーナーが資産運用を委託する資産運用会社が含まれてきます。

アセット・オーナーは、もちろん自分たち独自の運用部隊を持っている場合もありますが、運用する資産が巨額であるため、自分たちだけでは運用し切れない部分がどうしても出てきてしまいます。その部分を外部の投資会社に運用委託します。このような、アセット・オーナーから運用の委託を受ける投資会社も含めたのが、広義の機関投資家です。いわゆる運用のプロ中のプロと言ってもよいでしょう。

ＪＰモルガンやブラックロック、バンガード、フィデリティ、キャピタル、モルガン・スタンレーといった投資会社の社名は、一度は耳にしたことがあると思います。ブラックストーンやＫＫＲといったプライベート・エクイティ運用会社や、ミレニアムやシタデルなどのヘッジファンドも運用会社です。もちろんそれ以外にも、たくさんの投資会社が存在しています。

彼らはアセット・オーナーから一定の運用報酬を受け取って、アセット・オーナーのためにポートフォリオを構築してその資産を運用します。当然、運用成績が振るわなかったりしたら、他の投資会社と交代させられるため、生き残りを賭けて必死に運用します。膨大なデータ、極めて優秀な人材、それらを組み合わせた高度な分析能力を有し、それを全面投下して最高の運用成績を実現させるべく、コストやリソースも膨大なものがかけられています。

こうした投資会社が世界中のマーケットで運用している資産総額は、ざっと見積もって1京9000兆円と言われています。兆を超えて京の世界なのです。これだけの資金を運用しているプロの投資会社と同じ土俵で戦うのが資産運用なのです。

様々なプロ中のプロの投資家

ここでは広義の機関投資家に属している資産運用会社について、どのようなスタイルで運用しているのかといった点について説明していきたいと思います。

・伝統的ロングオンリー運用会社

ロングオンリーとは、株式や債券といった伝統的な資産を保有し、その資産の価格が上昇することで、利益を得る投資戦略のことです。

伝統的なロングオンリー戦略の運用会社は金融機関系列の運用会社と独立系の運用会社に分けられます。

金融機関系列の運用会社は恐らく、多くの人にとって最も馴染みのある投資会社でしょう。日本でも個人向けに「投資信託」を設定・運用している投資会社が、これに該当します。たとえば野村アセットマネジメントや三菱ＵＦＪアセットマネジメント、アセットマネジメントＯｎｅといったところが代表的でしょうか。

社名を見ればわかると思いますが、野村アセットマネジメントは野村ホールディングス傘下ですし、三菱ＵＦＪアセットマネジメントは三菱ＵＦＪフィナンシャル・グループ傘下、アセットマネジメントＯｎｅは、みずほフィナンシャルグループ傘下です。

こうした金融機関系列の運用会社は、海外にもたくさんあります。ＪＰモルガンやゴールドマン・サックスといった大手投資銀行も、傘下に運用会社を保有しています。

この手の運用会社は、多くが最も伝統的な運用を行なっています。彼らが運用しているファンドに組み入れている資産は、株式や債券、短期金融資産などの伝統金融資産が中心です。

しかも「ロングオンリー」と言って、これら伝統金融資産を買って保有するのが基本スタンスです。

NISAやiDeCoに含まれている資産の中では、「インデックスをベンチマークする」商品がその代表です（第3章で詳細は説明します）。ということは、ファンドに組み入れている株式や債券の価格が値上がりしないと、運用成績を向上させることができません。


また運用スタイルとしては、アクティブ運用がメインです。

アクティブ運用とは、たとえばS&P500や日経平均株価のような株価インデックスをベンチマークとして、それを少しでも上回るリターンが実現するような運用を行ないます。つまり、ファンドに組み入れている株式や債券の価格が値上がりしないと、プラスのリターンを創出することはできません。そして、ベンチマークに勝つことが、伝統的アクティブ運用の正義と言ってもよいでしょう。

・ヘッジファンド
ベンチマーク運用を主とする投資会社のやり方に対して異を唱えてい

る人もいます。それがヘッジファンドの面々です。

伝統的アクティブ運用の何に異を唱えているのかというと、たとえばリターンが20％下落したとしても、ベンチマークが30％下落しているならよしとする運用成績の評価についてです。

対して、ヘッジファンドの正義は、あくまで「資産を増やすこと」です。ヘッジファンドの運用者は絶対収益と言って、マーケットが上がろうと、また下がろうと、常にプラスのリターンを実現させることに全力を挙げます。彼らにとっては、**リターンをプラスにすることが絶対の正義**なのです。

そのために様々な手法や戦略、デリバティブやオプション[*1]などの商品を駆使して、リターンを維持しようとするのです。

たとえ、投資対象が株式や債券などの伝統資産だとしても、それらを買って保有するだけのロングオンリー運用ではなく、様々な手法を組み合わせて、何が何でもプラスのリターンを実現させようとします。たとえば、株式市場が目先[*2]大きく下げそうなときは、株価指数先物取引[*3]を売ったり、プットオプション[*4]を組み合わせたり。あるいは個別銘柄で業績が悪化し、目先株価が下げそうな場合は、その銘柄を売り建て[*5]たりします。先に売り建てておき、株価が下がったところで買い戻せば、安く買って高く売るのと同じことになります。いずれにしてもマーケットの値動きに関係なく、様々な戦略を駆使してプラスのリターンを維持しようとするのです。

その意味では、ヘッジファンドは「戦略勝負」のところがあります。たとえば「ロング・ショート戦略」は、割安な株式を買う（ロング）のと同時に、割高な株式を売る（ショート）ことによって利益を得る戦略です。割安な株式が大きく上昇するのと同時に、割高な株式が値下がりすれば、両方で利益が取れるので万々歳です（なかなかそううまくは

＊1　決められた期間に決められた価格で売買する権利の取引
＊2　ごく短期のこと。通常1か月以内
＊3　日経平均などの株価指数を対象に、決められた将来の期日に、現段階で決められた価格で売買することを約束する取引
＊4　指定された日付までに指定された価格で資産を売却するデリバティブ商品
＊5　将来値下がりすると判断して商品を売って、値下がりした時点で買う取引

いきませんが)。

でも、株式市場全体が上昇する局面において、割安な株式がより大きく上昇するのと同時に、割高な株式がわずかしか値上がりしなければ、ショートポジションで生じた損失以上に、ロングポジションで稼いだ利益が大きくなり、利益が得られます。

逆に株式市場が全面的に下落をする局面では、ロング(買い)ポジションの割高銘柄もショート(売り)ポジションの割高銘柄も両方で下落することが起こりますが、多くの場合、割高銘柄の下げ幅のほう大きくなるため、そのショートポジションでの利益が割安銘柄のロングポジションの損失を上回り、リターンが得られます。

しかしながら、ショートポジションを取る際には、株価が急騰する局面で「ショートスクイーズ(流動性の低い状況で株の買い戻しを余儀なくされ、さらに株価が上昇する)」という事象が起き損失を大きく被ることもあります。プロでもショート銘柄の選定は非常に難しいものです。

その他、同一または類似した資産クラスが、異なる市場で異なる価格で取引されている場合、その価格差を利用して収益を上げる「アービトラージ戦略」もあります。

たとえばA社の株式が東京市場で1010円、ニューヨーク市場では1000円で取引されていた場合、ニューヨーク市場で買うのと同時に東京市場で売れれば、差額の10円を利益にできます。

異なるマーケットの間では、情報伝達の時間差など様々な要因で、同一資産であったとしても、瞬間的に価格差が生まれることがあります。一種の歪みですが、これを活用するのがアービトラージ戦略です。

また、「イベントドリブン戦略」と言って、企業買収など特定のイベントが発生した際に価格が大きく動くことを予測してポジションを取りにいく戦略もあります。たとえばTOB（株式の公開買付）による企業買収が行なわれるという情報が流れると、被買収企業の株式が買われるため、株価が現在値に比べて大きく値上がりします。それを投資機会にするのです。

他にも様々な戦略があり、ここで語りつくすことができないほどです。この手のヘッジファンドを立ち上げる人というのは、もともと投資銀行で企業のM&Aにかかわっていたり、為替のディーリングルームで通貨のトレーディング業務に従事していたりするのですが、自分の投資アイデアで勤務先の金融機関に莫大な利益をもたらしても、ボーナスが多少増えるだけという点に不満を抱き、独立して自分の投資アイデア一つで成功を目指すケースが多く見られます（「スピン・アウト」と言います）。彼らは絶対リターンを実現させるだけでなく、自身の投資アイデアには絶対の自信を持っていますから、その分だけ高い運用報酬を得ている人も大勢います。

ヘッジファンドの運用は、伝統的なロングオンリーのアクティブ運用に比べて、圧倒的に自由です。

大手金融機関系の投資会社が運用するロングオンリー戦略は、様々な規制下に置かれているため、保有してもいない銘柄を売り建てて、値下がり局面で儲けたり、先物取引やデリバティブ（派生商品）、投資以外の資産（たとえば金や原油などの実物資産）に投資したりすることは認められていません。

一方、ヘッジファンドは何にでも投資できます。それに加え、借入を行なうことで投資元本に対して何倍ものレバレッジをかけて、より高いリターンを追求することもできます。

ただし、その自由度の高さがあるがゆえに、リーマン・ショックのような混乱があるたびに大きな損失を被り、消えてゆく投資会社もあり、市場への影響もときに非常に大きいものとなります。

１９９０年代にはジョージ・ソロス率いるグローバル・マクロ戦略のクォンタム・ファンドがポンドの売りを仕掛けたことで、ポンドがＥＲＭ（欧州為替相場メカニズム）を離脱することになったり、アジア通貨危機もヘッジファンドの空売りがあったことも一つの要因と言えます。

このようにヘッジファンドが、一国の通貨や地域金融機関の破綻をもたらし、世界の金融システムに多大な影響を与えたこともありました。レバレッジのかかったポジションがもたらすインパクトは市場や国を動かすほどのものなのです。

素人が投資したところで、本当に資産は作れるのか？

プロ投資家が巨額な資金を動かして取引しているマーケットに、個人が数十万円の資金で投資したところで、果たして着実に資産を増やすことができるでしょうか。スーパーコンピュータなども駆使しながら、巨額なお金を動かされたら、こちらの目論見など一瞬で吹き飛ばされてしまいます。まずそれを冷静になって考えることが大事です。

もちろん、個人でも投資によって数億円の資産を築いた投資家もいるでしょう。ただ、それは本当に一握りの人です。

本書の目指すところは、そこまでスーパーな個人でなくても、それこそ普通に会社勤めをしているような人でも、老後の心配をすることなく生活できる程度の資産を築ける方法を考えることにあります。

そのために必要なルールを紹介していきます。

プロの投資家と同じ土俵に乗ってはいけない

個人が投資で資産を増やし続けるためにまず大事なことは、プロ投資家と同じ土俵に上らないことです。

プロの投資家は豊富な資金力を持っていて、それこそ24時間体制で様々な情報収集を行なっています。

しかも、私がかつて外資系金融機関で一緒に仕事をしてきたヘッジファンドなどのプロ投資家になると、たとえばマサチューセッツ工科大学でロケットサイエンスの最先端研究を行ない、そこでの数学的知見を最大限に活用して投資の世界に入ってきたような、最優秀の人材がゴロゴロ転がっています。

凄いのは人材だけではありません。誰よりも短時間のうちに大量の売買注文を発注できるようにするため、高額なスーパーコンピュータを大量に社内に設置して、フル稼働させているようなファンドマネージャーも大勢いるのです。

さらに投資の時間軸を考えてみてください。プロの投資家は、その多くが誰かのお金の運用を委託されて、その誰かの代わりに運用していま す。つまり純粋に自分のお金を運用しているのではありません。

そのため、どういう理由でそこに投資したのかという説明ができなければなりません。当然、毎年のように決算が設けられており、決算日の後日には資金の出し手に対して、運用成果をレポートすることが義務づけられています。つまりプロ投資家は、少なくとも年単位でしっかり成績を出さなくてはならないのです。もし成績が出せなかったら、その時点でクビ、または要注意ファンドとして記録されてしまい、資金を引き上げられてしまいます。もっと言うと、毎月運用報告書を投資家に開示するため、「月次」リターンを作る必要があります。月末、四半期末、年末に利益確定の動きが起こりやすいのはそのためですね。

したがって、プロの投資家は自分の生き残りを賭けて、限られた期間で運用成果を上げられるようにするため、必死に努力します。できるだけ1年のうちに結果が出せるような対象に投資しようとします。つまりプロ投資家は、5年、10年という長期の時間軸でずっと保有し続けるような運用はしにくいことになります。

一方、**個人なら当分の間は値上がりしそうにないけれども、いつかは上昇するはずだという対象にも投資できます。**個人はあくまでも自分の資産を運用するだけですから、誰かに運用成績のことで文句を言われることもありません。個人投資家の中には、いつ値上がりするかわからないけれども、現時点では極めて割安な株価で放置されているような銘柄に投資して、長く持つことで利益を得ようとするバリュー投資家が結構いますが、極端な時間軸の上で成果を求めるような投資は、プロの投資家では持ち切れない典型的な手法と言ってもよいでしょう。

また、**個人なら、リターンが上がらない時期があったとしても、特に問題はありません。**極端な話、持っているポジションを全額手仕舞った後、[*6]

*6 その取引を決済して終わりにすること

しばらく何も持たずにいることもできるのです。その間、次の資産運用の計画でも練っていればよいのです。

プロの投資家たちは、常に成績を求められますから、ポジションを手仕舞った後は、できるだけ早めに新しい投資先に資金を投じる必要があります。

このように考えていくと、個人にしかできないような投資法は、他にもありそうです。特に、自分で直接、株式や債券に投資して資産形成をしようと考えている個人の方は、この点を十分に理解して投資することをお勧めします。

運用を自分でやろうとしない

第二のルールは、プロ投資家に運用を任せてしまうことです。プロ投資家のなかには、個人からの運用を受託して株式や債券に投資している人たちがいます。多くの場合がファンド型になっていて、複数の出し手の資金を集めてより大きな投資に分散投資を行なっています。個人でできる身近なところだと、**「投資信託」**などはその代表と言ってもよいでしょう。

ところで「投資信託」は投資手法やファンド[*7]の総称のように勘違いしている人がいますが、投資信託とは、単純にファンドの形態（ビークル、と言います）を指しているだけで、ファンドが信託型で作られているから「投資信託」と言います。ファンドは組合型[*8]で作られたり、会社型[*8]で作られたりと様々なビークルで作られます。多くの日本人に馴染みのある「投資信託」は、公募型（不特定多数に対して募集が行なわれる）かつ信託型（投資家から信託された資産を受託者（主に金融機関）が運用）で組成されている、ということです。

ちなみに、アメリカでは「Mutual Fund（ミューチュアルファンド）」が公募型のファンドを指す総称ですが、信託型と会社型が多くあります。

ここでは公募投信型ファンドを念頭に「投資信託」としましょう。投

＊7　ここで念のため確認しておくと、投資家から資金を集めて運用する商品、もしくは集めたお金のこと
＊8　会社型は法人を設立し、組合型は契約に基づき、投資家が出資するファンド

資信託は一般的には1万円程度の少額資金でも購入できます。それこそ1人平均100万円の運用資金でも、それを1万人から集めることができれば、運用資金は100億円になります。100億円の運用資金があれば、100万円では実現できないようなポートフォリオを組むことができますし、何よりも投資信託は、運用会社に所属しているプロの運用者のノウハウなどを有効に活用できます。

そもそも金融商品を自分で運用しようとした場合、非常に手間がかかります。よいタイミングで売ろうと考えるなら、マーケットの動向をしっかりチェックしておく必要があります。

現役で仕事をしている個人の場合、昼間のマーケットが開いている時間帯をすべて株式投資などに費やすわけにはいきません。会社勤めの人が仕事そっちのけで株式投資などしていたら、それこそ会社をクビになってしまいます。

でも投資信託なら、個人の代わりにプロの投資家が運用してくれますから、自分ではほとんど手を下すことなく、資産運用ができるのです。

個人投資家の方法も マネてはいけない

ちなみに、うまくいってそうな個人投資家も真似しないほうがよいと思います。

書店に行くと、「100万円を1億円にしたサラリーマンの投資術」といったタイトルの本が並んでいます。SNSを見れば、個人投資家たちが自分たちの投資手法を解説しています。

だから、「この手の本を読めば、自分もお金持ちになれるはず」と思って手に取る人もいらっしゃるのではないでしょうか。

でも、それがなかなか難しいのです。どれだけこの手の本を熟読したとしても、それを再現してお金持ちになれるケースは、ほとんどないと断言できます。考えられる理由をいくつか挙げてみましょう。

第一に、手法は真似できたとしても、マーケットの状況が日々、猫の目のようにくるくる変わるため、**すでにその手法がうまく効かない可能性があります。**これは長年、マーケットに身を置くとわかるのですが、2日として同じ状況が再現されたためしがありません。本として世に出た時点で、そこに書かれている内容は、すでに過去のものになっているのです。

第二に、手法は真似できたとしても、**メンタルまで同じレベルに持っていくことはできない**ことです。メンタルの強さは人それぞれなので、これはやむをえないことだと思います。とはいえ、投資を継続していくうえで、メンタルは強いに越したことがないのも事実です。メンタルが弱いと、マーケットが大きく下げたときの損失に耐えられず、ポジションを手放してしまいます。が、それではリターンを実現できなくなります。もし自分のメンタルが弱いことに気付いている人は、メンタルがやられない程度に、リスクポジションを持つしかありません。

このメンタルの部分は案外馬鹿にできない要素だと思います。市場が大きく下落しても、なんとかポジションを売却せずにいられたとしても、振り返ってみれば一番の買い時の市場の下落時に追加投資をできる人はなかなかいないですし、私個人なんかはその相場にさらされるだけでヒヤヒヤしたりします。

さらに言えば、**今までうまくいっていたことが「無意味になる」のがこれからの市場です。**ローソク足チャートも、意味はありません。市場が大きく変わろうとしているときに、ある期間うまくいっていた方法が、今後もうまくいくのでしょうか？

自分の投資手法を確立して、長期間にわたって勝ち続けられる投資家は、本当にごくごく一握りに過ぎないのが現実です。

個別銘柄やＦＸ投資をすることが趣味の人はいますし、実際に寝る時間以外は市場に張り付くことができる人もいるので、それはそれでよいと思います。あまり知識も経験もなく、ただ、「よし、億り人になろう」とこうした情報を真に受けて個別銘柄やＦＸに参入する場合は、厳しい現実が待ち構えているということを十分に認識する必要があります。

市場には「何十年もの投資経験」があり「市場で優秀な運用者集団」が束になって大量の「ノウハウ」「分析力」「情報」「レバレッジ」そして、ときには「スーパーコンピュータ」を全投入して投資に挑んでいます。そんな猛者たちの戦場に武器なしでは挑めません。

したがって普通の個人が大きく勝つ投資手法を編み出すのは非常に難しいですし、公開情報として世に出回っている投資手法を真似て勝ち続けるのは不可能に近いことだと思います。

しかし、負けない仕組みを構築することはできそうです。もし「急にお金持ちになりたい」というのではなく、「老後心配なく暮らしたい」とか、「5年後に教育資金を貯めたい」というのであれば、むしろ「負けない」を目指したほうがよいのではないでしょうか。本書では、どうすればそのような仕組みを構築できるのかについて言及していきます。

これからの個人投資家がやるべき投資のルール

アセット・オーナーを目指せ

こんなにすごい人たちがいるなら、投資をするのは絶望的なのではないかと思うかもしれません。

しかし、こんな時期だからこそ、学びたい投資の仕方があります。

それは「アセット・オーナー」の考え方を学ぶ、ということです。

先ほど説明しましたが、「アセット・オーナー」とは、年金基金や、大学、ある目的を持った団体などがあたります。共通するのは「長期にわたり資産を維持し続けなければいけない」ということです。年金基金が運用に失敗しては受給者の老後は目も当てられないことになりますし、大学は廃校を免れない、団体なら活動が続けられなくなります。そのため、絶対に負けない投資が必要です。

巨額な資金を投ずるアセット・オーナーを真似するなんて、そんなことは難しいのではと思う方もいるかもしれませんが、**「減らさないように運用する」という点では、私たち個人も、アセット・オーナーも目的は同じ**です。

それに、よく考えてみてください。皆さん自身、預貯金や株式、債券、投資信託などの金融資産を、金額の多寡はありますが、保有しているはずです。これら個人資産の運用に関しては、皆さん自身が自分で判断するアセット・オーナーであるはずです。

ちなみに、ＧＰＩＦが運用している年金積立金の額は、２０２４年12月末時点で２５８兆６４３６億円と、文句なしに世界でトップクラスですが、皆さんが個人的に保有している金融資産の総額がいくらか、ご存じでしょうか。２０２４年９月末時点で、日本全体で２１７９兆円です。ＧＰＩＦの運用資産総額の10倍近い資金を、個人の皆さんは保有しているのです。

私自身はこれまで、アセット・オーナーと呼ばれている様々な機関投資家の運用を見てきました。その経験から見えてきた結論は、アセット・オーナーの運用手法を真似ることこそが、個人の資産運用にとって最適だということです。

本書を通じて世界のアセット・オーナーと呼ばれている人たちが、どのような運用を心がけているのか、それを個人が応用するにはどうすればよいのか、ということを、わかりやすく説明していきたいと思います。

アセット・オーナーに学ぶ「資産運用のルール」

アセット・オーナーから学べるのは、次の4つの考え方です。

①時間を味方にする
②落ちたときに焦って売らない
③リスクを知っておく
④分散投資をする

アセット・オーナーに学ぶ「資産運用のルール」①

時間を味方にする

最強の武器は時間と忍耐です。

時間を味方につけることが、資産形成にどれだけ有効かを示すデータがあります。

いささか古いデータで恐縮ですが、1950年から2017年までの67年間で、S&P500で運用した場合の年平均リターンの最高、最低を、運用期間1年、5年、10年、15年、20年、25年で見ると、1年では最高で52・6%と高い数字が出る反面、最低はマイナス37%と、大きく下落しています。

ところが、運用期間を15年にすると、マイナスのリターンがなくなります。そして、さらに運用期間が20年、25年というように長期になるほど、最高リターンと最低リターンの幅が小さくなります。

よく個人の資産運用の失敗例で挙げられるのが、短期的に売買を繰り返すということがあります。ここで紹介したデータは、S&P500を25年間保有した結果、このようにリターンのブレが小さくなるというメリットを享受できているのです。

市場が毎日上下変動するなかで忍耐力のない人は、自分の投資している対象がなかなか値上がりしなかったり、あるいは値下がりして損失が生じたりしていると、投資資金の損失を確定して引き上げてしまいます。

短期的には株式市場の下落幅は、ときに2桁となりますし、リスク分散のために単一市場への投資のみを行なうことは好ましくありません。もちろん、選んだものがダメだったということもあるので、それは実際に投資した後、しっかり途中経過をウォッチしておく必要はあるでしょう。そして、自分で定めた基準を満たさない場合は売却して、他の投資対象に乗り換えるべきです。

ただし、マーケット全体とほぼ同じ程度の成績の悪さであれば、投資対象個別の要因ではなく、マーケット要因で運用成績が悪化しているだけの可能性が高いので、乗り換えずに持ち続けるのが得策です。

このように、時間を味方につけて長期投資のメリットを享受できるようにするためには、ある程度の忍耐力も必要になるのです。

もちろん、マーケット環境は常に変わっていますから、この結果が未来永劫続くかどうかはわかりません。

ただ、過去の事例で考えれば、運用期間を長期にすればするほど、リターンのブレが小さくなることがわかります。だからこそ、個人が資産運用をするに際しては、できるだけ長期の視点で投資期間を考える必要があるのです。

複利のメリットを活かす

ところで、長期投資にはリターンのブレを小さくすること以外のメリットも期待できます。

その1つが複利効果と言われるものです。

複利とは、一定期間の運用で生じた利益を元本に加え、元本を大きくしたうえでさらに運用をしていくことです。

たとえば100万円を運用して、1年後に5万円の利益が得られたとします。この5万円を現金で受け取るのではなく、100万円の元本に加えて105万円にして、さらに次の1年間で運用するのです。それを繰り返しているうちに、徐々に元本が大きくなっていくため、同じ率で運用できたとしても、より大きく資産を増やすことができるのです。

仮に100万円を年5％で10年間運用した場合、毎年利益を受け取っていくと、10年後の元利合計額は150万円です。

でも、これを1年複利で運用すると、162万8895円になります。10年間で12万円の差が生じるのです。これはあくまでも元本100万円を運用した場合の比較ですが、この金額が1000万円、さらには数千万円というように大きくなると、差額はさらに大きなものになるので、複利効果は長期投資のメリットとして無視できないのです。

図2-1 単利と複利のイメージ（年利5％で計算）

単利

毎年同じ金額の元金で利子も同額

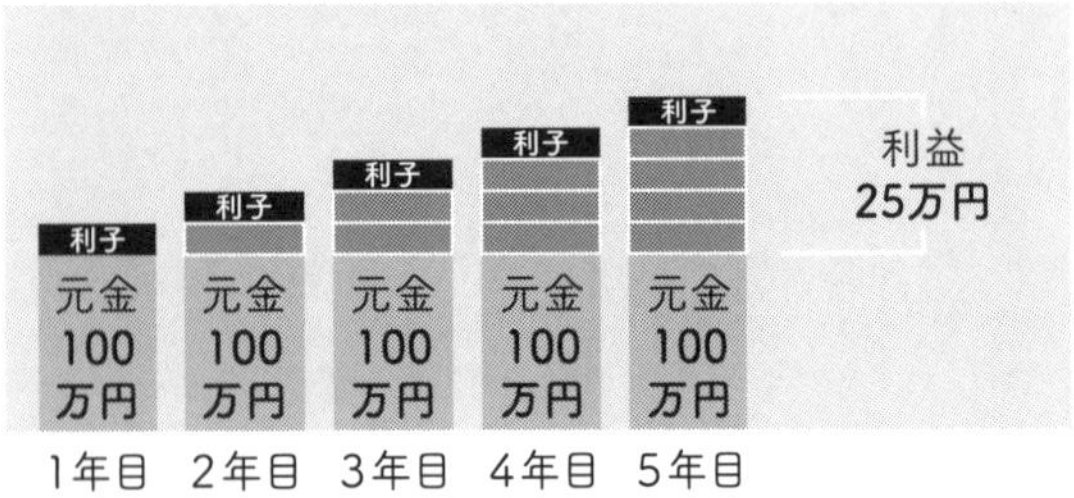

複利

利子が元金に加わり、利子も大きくなる

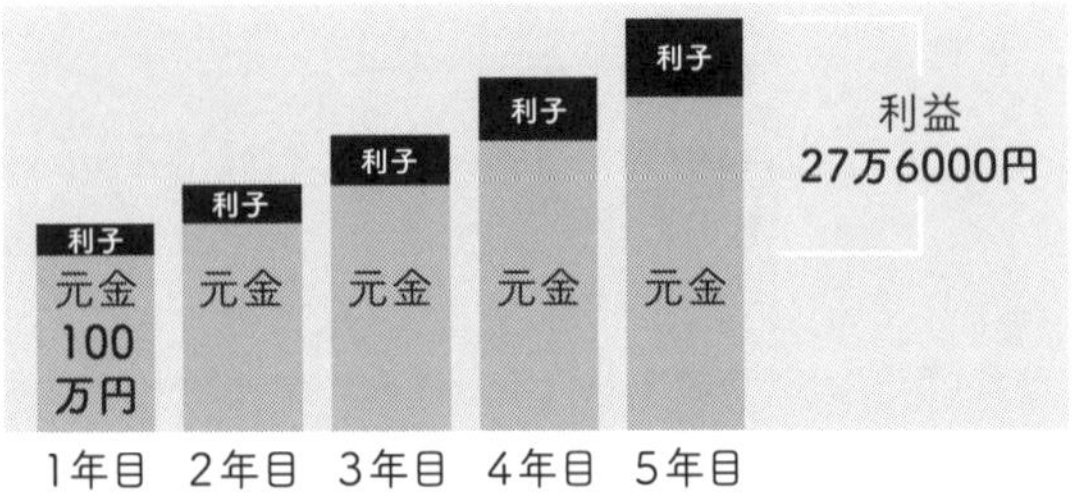

ドルコスト平均法

また、これも長期投資に関連するメリットの1つですが、長期にわたって積立投資をする場合は、ドルコスト平均効果が得られます。

特に初めてリスク資産で資産運用を始める人たちにとって一番の不安は、何はおいても損失を被ることでしょう。前述したように、そのリスクを長期投資によってある程度、軽減できるのですが、それに加えて長期間にわたって積立投資をすると、さらに損失を被るリスクを抑えることができます。

このドルコスト平均効果を得るためには、**毎月同一の投資対象を、同一金額で買い続けていく必要**があります。そうすることによって、価格が高いときは購入できる数量が減る一方、価格が安いときは購入できる数量が増えるため、それを長期にわたって続けるうちに、高値を買い付ける数量が相対的に少なくなり、平均の買付単価を引き下げることができます。

買うタイミングが分散されるため、一時的にある程度、価格が下がったとしても損失を被りにくくなることと同時に、大きく下げた後の戻りで、株価等が下げる前の元の水準まで戻さなくても、投資では損失を取り戻せるのです。

・シミュレーション

たとえば日経平均株価に連動する商品を、毎月の月初めに1万円ずつ積立投資をしていったとしましょう。スタートは日経平均株価が、バブル経済のもとで大きく値上がりしていた1989年1月にします。細かい途中経過は省きますが、1990年に入って日経平均株価がどんどん下がっていくなかで、確かに損失は膨らんでいくものの、日経平均株価の下落率に比べると、積立投資したときの損失は小さく抑えられています。

実際の数字で比較すると、1989年1月末の日経平均株価が3万1581円で、2009年2月末が7568円ですから、この間に4分の1にまで下がっているのですが、毎月1万円ずつ投資した分にはそこ

図2-2 日経平均株価を毎月1万円ずつ買い付けた場合のシミュレーション

まで大きな損失は生じていません。ちなみにこの間に毎月1万円ずつ積み立てた総額は242万円ですが、評価額は123万5175円です。つまり半分の目減りで済んでいるのです。

半分に目減りしてしまったのは痛いところですが、それでも忍耐強く積立投資を続けた人は、その後の上昇相場でいち早く元本を回復できています。

数字を追っていくと、積立総額と評価額がほぼ同じ額になるのは2013年9月で、このときの日経平均株価は1万4455円ですから、投資をスタートしたときに比べてまだ半分にも到達していません。しかし、この時点での積立総額が297万円で、対する評価額は305万3035円になっています。

そして、その後は徐々に評価額が積立総額を大きく上回るようになり、たとえば2022年3月末時点を見ると、積立総額が399万円であるのに対し、評価額は734万3758円になっています。

これが時間を味方につけて、長期間、積立投資をすることのメリットです。特にこれから資産形成を始めようという若い人たちは、このメリットを頭において、少額でもよいからとにかく続ける、途中で諦めないことをお勧めします。

アセット・オーナーに学ぶ「資産運用のルール」②
落ちたときに焦って売らない

投資をするうえで、個人投資家が一番やってはいけないことは、落ちたときに焦って売ること、いわば「狼狽売り」をしてはいけない、ということです。

なぜ狼狽売りをしてはいけないのでしょうか。その理由の1つとしては、それは大概のケースにおいて、狼狽売りしたところが底値だったりするからです。「あーあ、売らなければよかった」というのがこれに当たります。

ここで大事なのは、メンタルの問題です。

自分の買値を下回ったところで売却した時点で損失が確定されるわけですが、損失確定の大きな問題点は、その後、マーケットが上昇に転じたとしても、なかなか買いに入れなくなることにあります。

最初の買値が1000円だとしましょう。それが600円まで値下がりしたところで売却し、損失を確定したとします。その後、さらに値下がりして550円になったところが大底で、そのまま上昇に転じました。

本来、ここで買えれば400円の損失を回復できるかもしれません。でも、株価がさらに上昇するか、再び下落に転じるかの見極めは、非常に困難です。結果、買うことができないまま、さらに価格が上昇してしまい、悔しい思いをすることになります。

もちろん、株価がさらに下がるような状況であれば、「買わなくてラッキー」ということになりますが、それでもどこかで底を打つ局面が来ます。そうなればなったで、また買うべきか、それとも見送るべきかで悩むことになります。

いずれの場合においても、「買う」「売る」の投資判断をするのは極めて難しいですし、心理的ストレスも大きいです。とりわけ、市場が大きく下落する局面では、パニック売りが多く起こります。

マーケットには様々な投資家がいます。本書を読んでくださっている個人もいれば、物凄い額の資金を瞬時に動かすプロの投資家もいます。ますます値動きの大きい市場になる昨今のマーケットを相手に資産運用を行なうには、冷静に投資判断を下せる指針が必要となってくるのです。

損をしそうなときのガイドラインを決めておく

そもそも狼狽売りをしてしまう一番の原因は、自分のルールを持っていないからです。マーケットの先行きを正確に予測するのは困難です。そのような状況と対峙する以上、自分が守るべきルールをしっかり持たないと、マーケットの値動きに翻弄されることになります。

上昇局面で買ったらそこが天井で値下がりしてしまう。下落局面で売ったらそこが大底で値上がりしてしまう。このようなことを繰り返していたら、損失だけが積み重なり、まったく利益を得ることもできず、何のために資産運用しているのかわからなくなってしまうでしょう。そうならないようにするためにも、自分自身のルールを決めて、それを守る必要があるのです。

ルールと言っても、それほど難しいものではありません。たとえば自分の買値から10％下げたら一部売却する、20％下げたら全部売却して一部損失を確定させて市場の様子を見る。下げ止まって5％上昇したら買い戻す。その程度のものでよいのです。

その点で、長期運用を前提とするアセット・オーナーは、リスクマネジメントを大事にしています。

たとえば、もし保有している財産が下落した場合、アセット・オーナーはまず何をするでしょうか？

彼らは、その商品の騰落ではなく、市場全体と比較して、その商品がどのような動きをしているのかを確認します。

株式市場が20％下落したとき、保有している株式ポートフォリオの値下がりが10％で済んだとしたら、それは株価の下落に対して強い耐性を持つ株式ポートフォリオだということになりますから、そのままにして今後も継続的に値動きをウォッチし続ければよいでしょう。

しかし、株式市場が20％下落したときに、保有している株式ポートフォリオ全体が30％下げたとしたら、それは株式のリスクを過大に取っていることになります。何らかの対処を行なう必要がある、という考え方です。

このようなときのリスクマネジメントとして、アセット・オーナーは様々な対応法を考えています。

詳しくは、第3章のアセット・アロケーションで後述しますが、事前に設定した投資配分の10％以上の変化がある場合には、配分を元に戻すべく下落している資産を買い、上昇している資産を売却したりします。

ただ、1つだけ絶対に守らなければならないことがあります。それは、事前に決めたルールは絶対に守る、ということです。

これは個人投資家でもよく見られるのですが、この銘柄への投資は短期でと決めていたのに、損をした途端に長期保有に切り替えるケースがあります。これは絶対にやってはいけないことの1つです。なぜなら、短期売買を前提に選んだ銘柄と、長期保有を前提に選んだ銘柄は、そも

図2-3 ルールは変えてはいけない

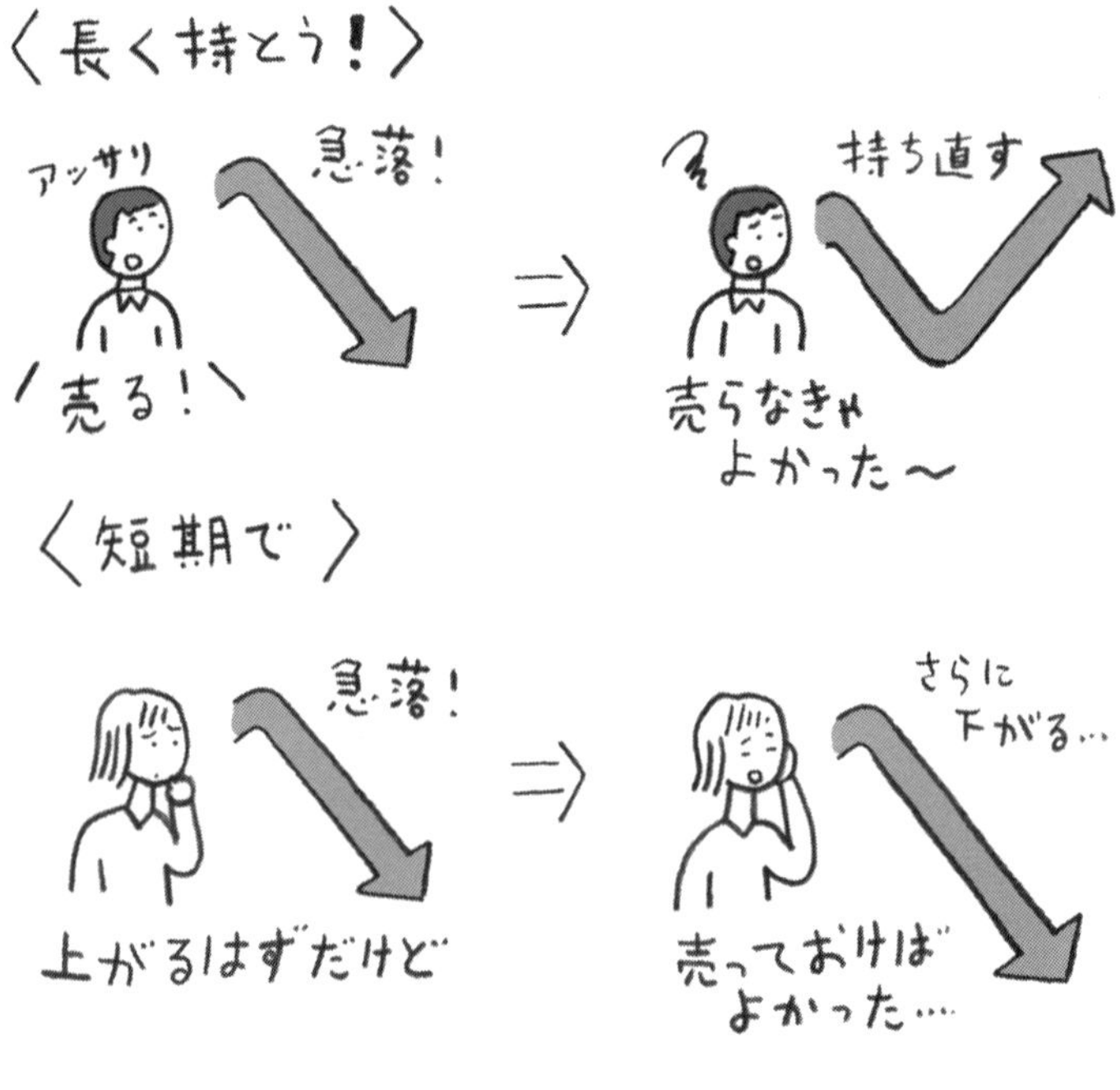
〈長く持とう！〉
アッサリ
急落！
売る！
持ち直す
売らなきゃよかった〜
〈短期で〉
急落！
上がるはずだけど
さらに下がる…
売っておけばよかった…

そもまったくの別モノだからです。

その対象が株式で、企業価値が長期的に高まるという前提のもとで投資したのであれば、長期保有するのも一つの手ではあるのですが、往々にして短期の値上がり益を狙って投資する株式は、長期的な企業価値の向上を狙うというよりも、短期的に株価を押し上げる材料が出ることを前提にした投資です。その当てが外れて株価が下落に転じた場合は、最悪、それこそ買値よりも5分の1、10分の1まで株価が値下がりしてしまうこともあります。

そのような株式を長期保有し続けたら、資産価値が大きく目減りしてしまうだけでなく、自分の買値に戻るまで極めて長い時間を費やすことにもなりかねません。短期を前提に選んだ投資対象の目論見が外れたときは、素直に撤退するべきなのです。

自分自身のルールを設けることは、すなわちリスク管理だと考えてもらってもよいでしょう。資産運用で大事なのは、大きく儲かる可能性の高い投資対象を探すことではありません。**一にも二にもリスク管理**なのです。

アセット・オーナーに学ぶ「資産運用のルール」③
リスクを知る

皆さん、自分の持っている商品のリスクをご存じでしょうか。最近は、「オルカン1本でいい！」「米国株があればいい！」といった風潮もあります。確かにそれらはよい商品ではありますが、どんな商品も万能ではありません。

では、個人が株式を長期保有すれば資産形成になるのか、という点を考えてみると、実はこれもなかなか難しい面があります。詳しくは後述しますが、今のマーケットの状態からすると、もはや個人が個別銘柄を自分で選別して投資し、一定のリターンを得られるような時代ではないからです。

そうなると、プロに運用してもらうことになるのですが、現在の日本で個人がプロに運用をお願いするとなると、その代表的な商品は「投資信託」になります。ただ正直なところ、投資信託がそれほど魅力的かというと、いささか疑問です。

特にＮＩＳＡの制度見直しが行なわれてから、「ＮＩＳＡで買う投資信託はオール・カントリー一択」あるいは「Ｓ＆Ｐ５００一択」といったムードが強まりました。Ｓ＆Ｐ５００に連動するインデックス型投資信託は、確かにこれまで高いリターンを実現し続けてきてはいますが、何しろ米国株への集中投資になるため、資産運用で必要な分散という観点からすると、その一択はお勧めできません。

もう一歩踏み込むと、Ｓ＆Ｐ５００指数は上位10銘柄で35％を占め、その多くがテクノロジー企業であることから、業績分散効果も高くはありません。ご参考までに、２０２５年2月28日時点の10銘柄を見ると、下記のようになっています。[*9]

*9　S&P 500 index：S&P Dow Jones Indices ２０２５年2月28日時点。メタ・プラットフォームズやアルファベットのA、Cは議決権などの違い。バークシャーハサウェイのBは個人投資家向け

・アップル（情報技術）
・エヌビディア（情報技術）
・マイクロソフト（情報技術）
・アマゾン（一般消費財サービス）
・メタ・プラットフォームズ　クラスA（コミュニケーションサービス）
・アルファベット　A（コミュニケーションサービス）
・バークシャー・ハサウェイ　B（金融）
・ブロードコム（情報技術）
・アルファベット　C（情報技術）
・テスラ（一般消費財サービス）

たとえば、**オール・カントリー一択はどうでしょうか。**オール・カントリーは文字通り、全世界の株式市場に分散投資します。具体的には「MSCIオール・カントリー・ワールド・インデックス」という株価インデックスへの連動を目指して、23か国の先進国と、24か国の新興国に分散して投資します。つまりこの投資信託1本で、同時に世界47か国に分散投資したのと同じ効果を狙えるわけですが、問題は今、この投資信託を保有している個人のうち、どの程度の人が、そのリスクを正確に理解できているのかということです。

なんとなく、オール・カントリーを1本保有しておけば、大きなリスクに直面することなく、安定してリターンが得られると思っていませんか。確かに、オール・カントリーは多くの国に分散投資しているので、S&P500に比べるとリスク分散されています。それはその通りなのですが、まったくリスクがないわけではありません。

実際、日本の株価が大暴落した2024年8月2日から8月6日にかけて、オール・カントリー型のインデックス型投資信託の基準価額は、大きく下落しました。実にこの3営業日の下落率は、8・82%も達しているのです。

では、どうしてそこまで下げたのでしょうか。日経平均株価が急落したから？

違います。オール・カントリーという株価インデックスで日本株の組入比率は、全体のわずか5・5%前後に過ぎません。その程度の組入比率でしかない日本株が、オール・カントリーの基準価額を8・82%も下げるほどの影響力は持ちえません。

恐らく、その理由を説明できないのに、オール・カントリーを持っている方が大半ではないでしょうか。

答えを申しあげます。日本株が5・5%前後しか組み入れられていないのにもかかわらず、基準価額を8・82%も下げさせた一番の理由は、**為替相場の変動**にあります。日本株が急落した日の前後、米ドル／円の為替レートは、1ドル＝153円前後から142円前後まで急落したのです。

海外の株価インデックスに連動する運用成績を目指すインデックス型投資信託である以上、為替レートの値動きによる影響は不可避です。円高が進めば為替差損が生じて、円建ての基準価額には下落圧力がかかり、投資において損失が発生することがありますし、逆に円安が進めば為替差益によって、円建ての基準価額を押し上げる効果が得られます。

ここ数年は円安と米国株式で2つのメリットがあったのです。

これはオール・カントリーに投資する以上、必ず押さえておくべき基本知識なのですが、それすら知らずに投資している人が非常に多いのです。なぜなら、購入窓口になる金融機関が、そういう大事なことを懇切丁寧に説明してくれないからです。

特に最近は、インターネット金融機関でNISA口座を開設し、投資信託を購入する人が大半ですが、こうした情報まで読む込む方は少ないように思います。少なくとも「一択」をするのであれば、リスクについては正しく把握をしておきたいものです。またネット証券であっても、専門家の動画解説やコラムなどで情報発信を行なっていますので、そうしたものも活用するのが有益ではないかと思います。

アクティブ型投資信託でも、オール・カントリーのようなインデックス型投資信託でもどちらでもよいのですが、どういう状況のもとで損失を被るリスクが高まるのかは、一通り把握しておくべきでしょう。そうしないと、基準価額が下落して利益が縮小、もしくは損失が生じたとき、どうしてそのような状況になっているのかが皆目わからず、不安感だけが増して解約してしまうことになります。そして、資産運用においては最もやってはいけない狼狽売りをすることになるのです。

アセット・オーナーに学ぶ「資産運用のルール」④
分散投資をする
――特定の資産クラスに集中させない

リターンはできるだけ高く、リスクはできるだけ低く。誰もがそう考えています。そのため、アセット・オーナーは決して特定の資産だけでは運用しません。なぜなら1つの資産だけですと、それが下がったときの影響が大きいからです。

たとえば日本株だけでポートフォリオを組んでいて、日本株が暴落したら、資産価値が大きく目減りしてしまいます。そのまま持ち続ければ、いつかは株価が値上がりに転じて、含み損を解消できる可能性はありますが、それには相当の時間を必要とします。ちなみに日本株全体の値動きを示す日経平均株価が、１９８９年12月の高値を更新できたのは、それから34年と2か月後、２０２４年の2月のことでした。

日経平均株価が高値を更新するまでに34年2か月もかかったのは、かなり特殊なケースですが、どの株式市場を見ても、暴落してから前回の高値を更新するまでには、ある程度の時間を必要とします。そして、それまでの運用期間は損失を取り戻すだけの時間であり、資産は成長しません。無駄な時間になってしまうのです。

したがって、ポートフォリオが大きく傷つくことなく、ある程度着実にリターンを積み重ねていけるようにするためには、分散投資が重要になってきます。

分散投資には2つの意味があります。**資産クラスの分散と時間の分散**です。

資産の分散

まず、資産クラスの分散とは、値動きの異なる資産クラスを組み合わせてポートフォリオを構築することです。

たとえば株式に投資するのであれば、同時に債券も保有するというのが、その一例です。

資産クラスの分散をするのであれば、できるだけ違う値動きをする資産を組み合わせるのがよいとされます。そこで必要なのが「相関係数」です。といっても自分で計算する必要などありません。

ＪＰモルガン・アセット・マネジメントのサイトに掲載されていた「主な資産クラスの相関係数」を見てみましょう。

相関係数とは、同じ値動きをするのか、異なる値動きをするのかをマイナス１〜１の数値で示すものです。マイナス１に近づくほど値動きが逆になり、逆に１は同じ値動きであることを意味します。直近10年の日本株と日本国債の相関係数を見ると、マイナス０・19になっています。

これは、日本株が下落したとき、日本国債の債券価格はほんの少しですが、上昇することを意味しています。

ちなみに米国10年国債との相関係数はマイナス０・28なので、日本国債よりも分散投資効果が効いていると考えられますが、米国国債に投資する場合は為替レートの値動きにも気を付けなければなりません。いくら米国国債が値上がりしたとしても、米ドル／円で円高が進んでしまっ

図2-4 主な資産の相関関係

直近10年間の相関係数

	日本株式	米国株式	世界株式	新興国株式	日本国債	先進国国債	米国10年国債	米ドル・円
日本株式	**1.00**	0.67	0.68	0.46	−0.19	−0.16	−0.28	0.39
米国株式	0.68	**1.00**	0.97	0.69	0.15	0.37	0.11	−0.08
世界株式	0.65	0.98	**1.00**	0.80	0.14	0.44	0.12	−0.16
新興国株式	0.38	0.63	0.75	**1.00**	0.13	0.49	0.12	−0.31
日本国債	0.33	0.44	0.44	0.32	**1.00**	0.51	0.47	−0.34
先進国国債	0.24	0.73	0.81	0.74	0.42	**1.00**	0.80	−0.81
米国10年国債	0.24	0.67	0.73	0.64	0.43	0.95	**1.00**	−0.65
米ドル・円	0.14	−0.42	−0.53	−0.59	−0.16	−0.84	−0.78	**1.00**

直近３年間の相関係数

出所:J.P.モルガン・アセット・マネジメント Guide to the Markets Japan 2025 1Q版より抜粋し作成

たら、為替差損によって、値上がり分が帳消しになってしまうことも考えられます。

実際、米ドル／円との相関係数を見ると0・39ですから、日本株が値下がりすると米ドルは対円で売られる、つまり円高になることを意味します。米国国債が値上がりしたとしても、円高によって値上がり分が帳消しになってしまうのです。

その意味では、為替変動を考慮した場合、日本国債のほうがまだ分散効果が得られると判断できます。

ただ、資産クラス別の相関係数をざっと眺めると気付かれると思いますが、逆相関性の高い資産クラスがほとんどありません。この表に掲載されている資産クラスを見るとわかるのですが、大半は伝統資産です。つまり伝統資産を組み合わせてポートフォリオを構築したとしても、あまり分散投資効果は期待できないことを、このデータは物語っています。

この点、オルタナティブ投資は、これらの伝統資産に対して相関性が相対的に低い、または逆相関になっています。今、多くのアセット・オーナーが、伝統資産以外のオルタナティブを組み入れているのは、相関性が極めて低く、したがって高い分散投資効果が期待できるからです。

時間の分散

また時間分散についてですが、身近なもので言えば積立投資になるでしょう。

時間分散のメリットは、買値を平均化できることにあります。株価をイメージしてもらえるとわかるのですが、株価は高いときもあれば、安いときもあります。株価が安いタイミングで投資できればよいのですが、高いときにまとまった資金で投資してしまうと、下がったときに大きなダメージを受けることになります。

そこで効果的なのが105ページで紹介したドルコスト平均法です。ただし、積立でなく、それなりにまとまった金額で投資をしたほうが投資効果が得やすいということもあり、まとまった資金で投資を始める場合もあるでしょう（NISAでいうところの成長枠を活用するなど）。その場合でも、複数回に分けて投資をしていくことで、一定の分散効果を得られるでしょう。株価が高いところで買ったのと、安いところで買ったのとを平均化でき、買いコストを下げる効果が期待できます。積立用の投資商品でなくても、このように分割して投資をすることで一定の時間分散をすることが可能です。

株価が高いところで買ったのと、安いところで買ったのとを平均化でき、買いコストを下げる効果が期待できます。積立用の投資商品でなくても、このように分割して投資をすることで一定の時間分散をすることが可能です。

有名なアセット・オーナー

最後に、有名なアセット・オーナーについて紹介しておきましょう。

その前にもう一度、アセット・オーナーの位置づけについて、簡単に説明しておきましょう。

アセット・オーナーとは実際に資産を保有し、それを運用する機関投資家のことです。具体的に言うと、財団や年金基金、生命保険会社、ファミリーオフィス[*10]などがこれに該当します。

まず、世界的に有名なアセット・オーナーにはどういうところがあるのかを、見ていきましょう。

1 CalPERS（年金基金）

「カルパース」と読み、実は略称です。

正式名称は、The California Public Employees' Retirement System、つまり「カリフォルニア州公務員退職年金基金」であり、その略称が「カルパース」なのです。

公的年金のなかでは米国最大の年金基金です。運用資金の額は5300億ドルなので、円建てだと約80兆円になります。年金運用なので、投資の時間軸は長期になります。上場株式や債券といった伝統資産への投資は、インハウスと言って年金内の投資チームで自己運用していますが、一部は外部の投資会社に運用委託しています。

公的年金と言うと、かなり保守的な運用をすると思われがちですが、カルパースの運用スタンスはかなり積極的で、新興国株式への投資に加え、ヘッジファンドをはじめとした様々なオルタナティブ運用も、かなりの比率を割いて行なっています。

なかでもオルタナティブ運用では、プライベート・エクイティ戦略*11に力を入れています。未公開企業の株式に投資するとともに、経営支援も

*10　一定以上の富裕層が一族の資産を管理・運用するための組織
*11　未上場の株式に投資して、企業価値を高め売却して利益を得る

積極的に行なって企業価値の向上を目指します。さらに上場企業への投資に際しては、カルパースが自身の株主としての権利を積極的に行使し、投資先企業のガバナンス改善を推進しています。

気になるリターンですが、2024年7月15日に発表された、2024年6月末時点の年間リターンは、9・3%でした。組入資産別のリターンは、上場株式が17・5%、債券が3・7%、プライベート・エクイティが10・9%、実物資産がマイナス7・1%、プライベート・デットが17・0%、となっています。

2 Novo Nordisk Foundation(財団)

デンマークの製薬会社、ノボノルディスクファーマの研究・寄付財団です。この財団は、完全子会社であるノボ・ホールディングスを通じて保有する、ノボノルディスクファーマのA株式を通じて配当金を得ており、それが様々な研究・寄付活動を支援する際の原資になります。

同財団はあくまでも非営利団体なので、こうした支援は慈善目的になります。そのビジョンは、人々の健康と社会、および地球の持続可能性を向上させることにあり、それらの分野の研究開発に助成金を提供しています。2023年時点における純資産は1兆1140億デンマーククローネで、当時の為替レートだと1670億米ドル（26兆6000億円）になります。

3 Bill&Melinda Gates Foundation（財団）

ビル&メリンダ・ゲイツ財団。名前を聞いたことのある方も多いのではないでしょうか。ご存じのように、マイクロソフト創業者であるビル・ゲイツ夫妻によって設立された財団です。

設立は2000年。世界最大級の慈善基金団体であり、2006年にはウォーレン・バフェット氏が300億ドルに上る寄付を実施しました。基金の総額は2023年12月末時点で752億ドル（10兆9000億円）となっています。

4 ノルウェー政府年金基金（SWF）

SWFとは「Sovereign Wealth Fund」の略称で、政府が出資する政府系投資機関が運営するファンドのことです。

ノルウェー政府年金基金の運用資産は1兆8000億ドル（約280兆円）で、ノルウェーの石油収入を運用資金にしています。かつての正式名称は、The Petroleum Fund of Norwayでした。現在の名称は2006年1月に変更されたものです。

ノルウェーは北海油田を有しており、ロシアを除くと欧州最大の原油生産国・輸出国です。とはいえ、石油の産出量は今後、減少していくことが予想されており、それが現実になると政府収入が減り、ノルウェー国民への公的サービスの低下が懸念されます。そのリスクを最小限にするため、石油収入を運用しているのです。

運用は株式が中心で、長期保有が前提です。ノルウェー国内企業の株式だけでなく、現在は50％以上が海外企業の株式で運用されています。現在、世界の8000社あまりの企業に投資しており、株式投資が全体の71・4％を占めています。

なお、一部報道によると、2024年末時点で保有する上位10銘柄のうち9銘柄がハイテク株で、アップルやマイクロソフト、エヌビディア、アルファベット、アマゾン・ドット・コム、メタ・プラットフォームズ、ブロードコム、TSMCの持ち分を前年に比べて増やしているそうです。

5 年金積立金管理運用独立行政法人（SWF）

GPIFという略称で言われることの多い、日本の公的年金を運用している行政法人です。これをSWFに含めるかどうかは議論が分かれそうなところですが、本書ではSWFに含めておきます。

運用資産は、2024年度第3四半期時点で258兆6936億円ですから、世界最大級の公的年金の1つと言ってもよいでしょう。

株価などが大きく下げた場面で、GPIFの運用成績が悪化すると、「年金財政が危険だ」などと言われることがありますが、GPIFは単なる調整弁に過ぎません。確かに運用資産が巨額なため、ともすればここから年金が支払われていると勘違いしやすいのですが、日本の年金制度は賦課方式と言って、現役世代が支払っている年金保険料を、高齢者の年金支給に充てる形式です。それでも年金給付に不足が生じそうだというときに、GPIFが運用している年金積立金の一部を用いて、穴埋めするのです。

では、この258兆円にも上る運用資金はどこから出ているのでしょうか。これは、これまで日本国民が納めてきた年金保険料のうち、年金給付に回されずに余った分を積立金として、運用しているのです。

過去、GPIFの運用は極めて保守的で、ポートフォリオの大半は日本の長期国債で運用されていました。ちなみに当時は「年金福祉事業団」という組織で、1986年から年金運用事業がスタートしています。

GPIFの運用の基本的な流れは、GPIF内に設けられている運用委員会の審議に基づいて、国内外の信託銀行、投資会社などの機関投資家に運用委託する形になっています。前述したように、年金福祉事業団だった当時は、長期国債を中心とした極めて保守的なポートフォリオでしたが、2001年からは国内債券、国内株式、外国債券、外国株式への投資配分を基本的に4分の1ずつにする市場運用に移行しています。

これまでの運用成績は、市場運用を開始した2001年度から20

24年度第3四半期までの間で、年4・40%となっています。

なお、GPIFも運用の高度化を目指しており、オルタナティブ運用にも資金配分を増やしつつあります。

2024年度第3四半期時点でのオルタナティブ運用への資金配分は1・65%であり、まだ全体に占める割合は低い水準ですが、基本ポートフォリオでは5%を上限に組み入れられることになっています。諸外国のアセット・オーナーの運用方針において、近年では徐々にオルタナティブ運用の比率を高める傾向が強まっているだけに、今後はGPIFもその比率を高める可能性があります。

6 CIC（SWF）

China Investment Corporationの略称で、中国投資有限責任公司のことです。運用資産は1兆3000億ドルです。長期運用をベースにしていますが、日本のGPIFやノルウェー政府年金基金と大きく異なるのは、オルタナティブへの配分比率が高いことで、全体の40%がオルタナティブ投資で運用されています。その他は株式や債券などに分散投資しています。

アブダビ投資庁のことで、長期運用を前提にしたポートフォリオを組んでいます。

ポートフォリオの中身は先進国株式に32〜42%、エマージング市場株式に7〜15%、小型株に1〜5%、クレジットに2〜7%、オルタナティブ投資は最大42%投資可能で、内訳は、ヘッジファンドに5〜10%、不動産に5〜10%、プライベート・エクイティに10〜15%、インフラに2〜7%です。キャッシュは0〜10%という配分比率になっています。[*12]

7 ADIA（SWF）

アブダビ投資庁もノルウェーのSWFと同様、石油収入を原資にして、前出の様々な資産クラスで分散投資を行なっています。その目的は、アブダビ首長国の財務健全性を維持するのと同時に、天然資源が枯渇したときに備えてのこととされています。インハウスでの運用よりも、外部の投資会社に委託したポートフォリオが大半を占めています。

8 ハーバード大学基金（エンダウメント）

エンダウメントには、もともと「寄付する」あるいは「寄贈する」という意味があります。米国の多くの大学では、卒業生や関係者からの寄付金を集めることによって、大学経営を行なっているからです。

とはいえ、集めた寄付金をそのまま使ってしまっては、何の乗数効果も得られません。集めた寄付金を、様々な投資によってさらに大きく増やせれば、大学として学生のために使えるお金も大きくなります。そのために行なわれるのが、エンダウメント投資なのです。

まずハーバード大学のエンダウメント投資を見てみましょう。運用資金の額は530億ドルです。1ドル＝150円で計算すると、実に7兆9500億円もの資金を運用していることになります。

ポートフォリオは、ここまで説明してきた他のアセット・オーナーに比べると、かなりユニークです。というのも、オルタナティブ投資の比率が極めて高いのです。

＊12 新興国などの市場

２０２４年度のハーバード大学フィナンシャルレポートによると、ポートフォリオはプライベート・エクイティが39％、ヘッジファンドが32％、不動産が５％、その他実物資産が３％で、合計79％がオルタナティブ投資に配分されています。

そして上場株式が14％、債券が５％、現金が３％です。伝統資産は、現金を含めてもわずかに21％に過ぎません。

これが何を意味するのかを、個人も考えてみる価値はあると思います。エンダウメント投資は、大学の運営にとって極めて重要な資金の運用に当たるため、極端なリスクを取るわけにはいきません。それこそ投機的な運用を行なった結果、ポートフォリオに大きな損失が生じたりしたら、大学の存続そのものにかかわってきます。そういう資金を運用しているハーバード大学が、ポートフォリオの約80％をオルタナティブ投資に配分しているのです。

かつ、エンダウメント投資は長期スタンスでの運用になります。つまり、長期にわたって安定的な運用をするための対象として、運用資金の約80％をオルタナティブ投資に充てることを決定したわけです。

これは、個人の資産運用にもヒントになると思います。個人の資産運用は、短期的なギャンブルとは違い、20年、30年という長い時間軸のなかで、徐々に資産を増やしていくものです。その点からも、オルタナティブ投資は、個人の長期的な資産形成にも適していると考えられます。ちなみにハーバード大学のエンダウメント投資のリターンは、その年によって上下はありますが、大体5～10％の範囲で推移しています。

ただし、オルタナティブ投資が使えない場合は、資産分散を適切に行ない、かつ長期運用をするということで長期的な資産形成を実現する必要があるでしょう。

9 イエール大学基金（エンダウメント）

ハーバード大学と並んで、エンダウメント投資で有名な大学がイエール大学です。運用資金の額は414億ドル[*13]です。

イエール大学のエンダウメント投資は、プライベート・アセット[*14]を組

*13 2024年6月末時点
*14 証券取引所で売買されない未公開の資産

み入れたイエール・モデルをいち早く打ち出したことで知られています。特に１９８５年から２０２１年までの36年間、イエール大学の最高投資責任者を務めたデイビッド・スウェンセン氏は、極めて高いリターンを上げたことで、「大学基金の奇跡」とまで言われました。この間の年平均リターンは約12・４％を続けたのです。これだけのリターンを持続できた背景の１つは、株式や債券といった伝統資産だけでなく、プライベート・エクイティやヘッジファンド、不動産、天然資源など、様々なオルタナティブ投資にも、投資先を広げたからと言われています。

イエール大学のエンダウメント投資のポートフォリオは、２０２４年6月末時点で上場株式が16％、債券が５％、ヘッジファンドが15％、プライベート・エクイティが50％、実物資産が11％、現金が３％です。

これらのアセット・オーナーは世界的に運用額の大きい機関投資家ですが、その規模には満たなくとも、企業が個別に運用している年金基金や、公職者団体で運用している公的年金や、銀行、保険会社など様々なアセット・オーナーがいます。

第3章

何をどう運用するか

運用のガイドラインを決める「Who」「Why」「How long」を確認する

いかがでしたか。狭義の機関投資家であるアセット・オーナーが、どのような存在であるのか、なんとなくおわかりいただけたでしょうか。

では、アセット・オーナーが実際に運用を行なう場合、どのようなプロセスを踏んでいくのかについて説明したいと思います。

第2章でも簡単に触れましたが、個人が資産運用を行なうにあたっては、こうしたアセット・オーナーの運用方法が参考になります。

アセット・オーナーは長期目線での運用を前提にしているのと同時に、値下がりリスクをできるだけ抑えながら、着実に資産を増やすことのできる**ポートフォリオを構築して運用**しているからです。

その際に大事なのは、リスクマネジメントも含めて、**どのような運用**

のガイドラインを設定するか、です。

これはアセット・オーナーも、個人も同じです。お金を運用するに際して、何のために運用するのかをしっかり決めておく必要があります。たとえば個人であれば、10年後に住宅ローンの頭金にするために300万円貯める、といったことですね。

目的が定まっていなかったら、どのくらいの期間で成果を生み出せばよいのか、それにはどのくらいのリスクを取ればよいのか、リスクマネジメントするうえでどのような方法を取ればよいのか、などがまったくわからず、場当たり的な運用をしてしまう恐れがあります。そしてなんとなくよさそうだからと株を買って落ちたら売る、ということを繰り返すことになるのです。そうしたことを避けるためにアセット・マネージャーは運用するに際して、「Who」「Why」「How long」の3点を常に確認しています。

具体的にどういうことなのか、説明していきます。

Ｗｈｏ：誰が運用するのか

まず「Ｗｈｏ」は、誰が運用するのか、ということです。
比較的資産規模の大きいアセット・オーナーは自前の運用チームを持ち、自己運用をし、一方資産の小さなアセット・オーナーは委託をする傾向にあります。運用者の能力でリターンが大きく異なるアクティブ運用やオルタナティブ運用については、プロ投資家であるファンドマネージャーに委託するなど資産クラスに応じて運用者を分けています。

個人の場合は、自分でプロ投資家同様に株や債券、為替の売買を行なう「自己運用」なのか、投資信託などに代表されるファンドを通じてプロ投資家に委託をする「委託運用」なのかの選択肢があります。繰り返しになりますが、よっぽどの投資スキルの持ち主か、投資が趣味という方以外は、自己運用はお勧めできません。

Ｗｈｙ：何のために運用するのか

次は「Ｗｈｙ」です。これは投資目的を指します。ＧＰＩＦなどの年金基金であれば、年金運用だし、財団ならその財団の設立目的を実現するための運用、ということになるでしょう。

たとえば１００億円の運用資産を持つ財団があったとして、そこがＮＰＯ法人に毎年３億円の寄付を行なうとした場合、１００億円の運用資産を減らすことなく毎年３億円の寄付を実現させるためには、最低でも年３％の運用利回りを稼ぐ必要があります。

もちろん、常にそれだけの運用利回りを達成できればよいのですが、株式のように株価が常に変動する資産で運用する場合、将来のリターンは不確実です。年３％に達しないこともありますし、それを大きく超えるリターンが得られることもあります。

仮に年３％の運用利回りを目標にしていたところ、６％のリターンが得られたとしましょう。こんなときは、たとえばこの財団の場合ですと、超過リターンの3%分を、元本割れリスクの低い安定資産で運用することも多いです。これは将来、実際の運用利回りが3%に達しなかった場合に使われます。たとえば2%の利回りしか出せなかったときには、プールしておいた過去の運用益の一部を取り崩して、寄付金に充当するのです。

このように、投資目的を定めることによって必然的に目標利回りが決まってきますし、その利回りを安定的に達成するためのリスクマネジメントの方針も定まってきます。投資目的を決めるのは、運用の大前提と言ってもよいでしょう。

個人の場合も同じです。3年後に子どもの教育費300万円を貯めるのと、リタイア後の余剰資金を作るのでは、運用スタイルも投資する資産も異なってきます。

How long：どのくらいの期間、運用するのか

最後に「How long」です。これは投資の時間軸を指していま

す。これは「Ｗｈｙ」とも重なってくることで、投資目的が定まってくれば、自ずと投資の時間軸も定まってきます。

たとえばＮＰＯ法人に対して定期的に寄付を行なう財団であれば、そのＮＰＯ法人が存在する限り寄付を続けなければなりませんから、投資に失敗して大損を被ってしまい、その結果、財団そのものを維持できなくなる、などということは絶対に避けなければなりません。そうなると、投資の時間軸は超長期になりますし、投資先の時価が暴落するリスクをはらんでいるものは、たとえそのリスクと引き換えに高い期待リターンが狙えるとしても、投資できません。

また年金基金であれば、運用期間を前提にしたＡＬＭの計測も必要です。ＡＬＭとはAsset Liability Managementのことで、資産（Asset）と負債（Liability）を一元的に管理して、リスクをコントロールしながら持続可能なリターンを追求することです。

年金基金も前述した財団と同様、年金受給者に対して年金を支払っていかなければなりませんから、運用は超長期になります。そのなかで、将来の年金受給者である年金加入者から一定の保険料を受け入れ、それを運用しつつ、一方では現在の年金受給者に対して年金を支払う義務があります。つまり年金基金にとってＡｓｓｅｔは運用資産であり、Ｌｉａｂｉｌｉｔｙは年金の支払い部分になります。年金基金にとってのＡＬＭは、持続的に年金の支給ができるようにするために、元本を大きく減らすことなく一定水準のリターンで保有資産を運用するということに尽きます。

「Ｗｈｙ」は実に様々だと思います。たとえば30歳の方が、「Ｗｈｙ」を老後の資産運用と定めた場合、「Ｈｏｗ　ｌｏｎｇ」は自分が定年を迎える65歳までの35年間になります。35年間の運用期間が確保されるのであれば、思い切ってリスクを高めた運用も可能です。

　ここで言うリスクというのは、長期であるからこそ受け入れられる「流動性」[*1]リスクであったり、株価上昇まで時間軸の長いバリュー投資、少し敷居は高いですが、プロ投資家に委託することでレバレッジ運用であるヘッジファンドやプライベート投資[*2]を実現することを指しています。

ただ、ここで誤解していただきたくないのは、思い切ってリスクを取ると言っても、無謀な行動ではない、ということです。たとえば思い切りレバレッジを高めた外国為替証拠金取引（ＦＸ）や、信用取引やオプション取引などを理解と投資技術がないままに行なうのは、ほとんどギャンブルに近い行為であり、持続性のある投資とは到底、言えません。一瞬で投資資金がなくなるものや、ましてや投資資金以上の負債を抱える可能性のあるものに手を出すのはご法度です。

このように「Ｗｈｏ」「Ｗｈｙ」「Ｈｏｗ　ｌｏｎｇ」とは、リスクマネジメントも含めて運用の根幹を形作るうえで重要な要素になるのです。

アセット・アロケーションを最適化する

運用の根幹である「Ｗｈｏ」「Ｗｈｙ」「Ｈｏｗ　ｌｏｎｇ」の基本設計ができたら、実際の運用方法について考えていきます。

＊1　現金化のしやすさ。流動性が高い資産は現金にしやすい
＊2　未公開の資産に投資する方法

まずは、アセット・オーナーの投資配分決定の基本であるアセット・アロケーションの考え方、つまり、何にどれだけ投資をするのかを説明しましょう。

第2章では「分散投資」には、資産クラスの分散と時間の分散があることを伝えましたが、アセット・アロケーションとは、資産クラスの分散のことを指し、投資資金を複数の異なる資産に配分して運用することを意味します。

そのときのコツは、**できるだけ違う動きをするような投資先に分散する**ことが大事ということでしたね。

第2章でも紹介した相関係数を見ながら各資産の連動性を把握するところからはじめます。相関係数が低いほど、その資産の分散効果があると考えることが可能です。

機関投資家になると、この段階から相関係数やストレステストなどを駆使して、株式に何パーセント、債券に何パーセントというように、様々な資産の配分比率を決めて、できる限りリスクを抑えながら、高いリターンを目指すわけですが、個人の場合、そこまで厳密にアセット・

アロケーションを考える必要はありません。

ただ、**自分が投資できる資産に何があるのかを、一通り把握し、上手に投資する必要はあるでしょう。**ざっと個人が購入できる資産と言えば、国内株式、国内債券、外国株式、外国債券、国内不動産、海外不動産、金（GOLD）、金以外のコモディティ（商品）、暗号資産、先物取引やオプション取引などのデリバティブ、そして限定的ですが、オルタナティブ投資、といったところでしょうか。

このうち国内株式、国内債券、外国株式、外国債券は、それぞれ現物への直接投資もできますし、投資信託を介して投資することもできます。

さて、このように一通り、個人でも投資できる資産を列挙したところで、皆さん自身がどれなら投資できるか、あるいは投資できないかを考えて、資産配分を行なっていけばよいと思います。資産配分比率は厳密に行なうことはありませんし、第2章でご紹介した有名なアセット・オーナーの資産配分比率を参考にしてもよいでしょう。

個別の商品を知ろう

具体的にアセット・アロケーションを考えるために、個別の商品について説明していきます。

第2章で、投資対象、またはそれを商品化した金融商品（投資信託やETF、その他ファンド等）のリスクを知ることが必要だと書きましたが、私から見ての、各商品や制度に対する考えをまとめたいと思います。それが絶対というわけではありませんし、投資の考え方によって正解も変わります。参考までに読んでいただけると幸いです。

分散したいなら
積立NISAだけでは足りない

商品ということではないのですが、先に枠組みの話からしておきます。

というのも、枠組みを利用することだけに気を取られて投資商品の中身まで把握していないという方があまりにも多いからです。

NISAは、確かに優れた仕組みです。保有している金融資産から得られる運用収益がまるまる非課税になりますし、銘柄としてもあらかじめ選定されていますので、リスク水準からして大失敗することのないようなものは揃っています。

ただし、それは商品として「**大失敗することがない**」ということだけで、資産配分としては及第点ではないように思います。

用意された商品は、基本的にその大半は伝統資産で構成されており、さらに言うと投資信託だと株式市場に投資するものがほとんどです。市場やセクターこそ違えど、大きな下落局面では似たような値動きをするものが多いですし、しかも、手数料に見合う商品かというと、必ずしもそうではないように思います（手数料については後で述べます）。

私もNISAの口座は開いていますが、私の場合、NISAはリスクを取って投資する場所だと考えています。なぜなら、NISA以外で安定した投資先を持っているからです。NISAは税金がかからないことがメリットですので、それを最大限活かすのであれば、多くのリターンを求めた投資をするのも、人によっては理にかなった方法ではないでしょうか。リスクやリターンの考え方は、みんな違います。もし収益不動産やその他の安定した投資をすでに行なっている方であれば、こうした方法もあるということを覚えておいて損はないのではないと思います。

ただし、NISAの枠組みのみで投資を行なっている場合は、そうはいきません。そのなかでいかに異なるリスクを取り、異なる動きをとるものに分散投資をするかということが重要になります。

分散投資の観点から言うと、たとえば投資信託の場合、NISAだと積立投資よりは、成長枠対応商品、または、iDeCoのほうが現在のところ、商品ラインナップは充実しています。金などのコモディティや、不動産などリートの商品を組み入れながら、長期にわたり安全に資産を設計していく場合は、NISA成長枠、iDeCoの商品で分散投資するほうが分散効果があるでしょう。

株式

株式の個別銘柄はよい株式であれば、持っていてよい商品ではあります。20年間など長期で保有することを前提にすれば、機会損失もあまりないでしょう（やっぱりその株が大好きだったら全然株を持っていいと思うし、本当に長期20年のポートフォリオを考えたら、株を持ったほうが機会損失もないし、いいと思うのです）。

ただし、値動きは大きいですので、途中で価値が半分になって、売ってしまったということも多いです。心理的に持ち続けるのが難しい資産であるように思います。

一つ気を付けて欲しいのは、「高配当利回り株」です。「配当利回り」とは、株価に対する配当（分配金）の割合を示します。高配当、とは分配金の比率が高いということですが、何に対して高いかというと、その株価に対してです。

つまり、株価が下がれば同じ額の分配金であれば比率としては高配当に見えますし、逆もしかりです。これは債券で元本に対する金利収入として毎年同じ金額の分配金が払い出されるのとは意味が異なります。株価が下がれば同じ金額の配当金が払い出されたとしても、資産総額（評価額と配当金）は下がるということは忘れないで欲しいです。

投資信託とは何か？

投資信託は個人が効率よく投資を行なうためには効率的なものだと思います。ただこれも、何に投資をしているかでリスクもリターンも異なります。

第2章でも簡単に触れましたが、投資信託とは、集団投資スキームの一種で、不特定多数の人たちからお金を集めてファンドを組成し、それを介して株式や債券など、様々な資産を買い付けて運用する金融商品です。大勢の人たちからお金を集めるので、一人ひとりの購入金額が小さくても、大きなサイズのファンドにして投資できます。日本国内で設定・運用されている投資信託のなかには、1000億円を超えるものもたくさんあります。こうした投資信託が日本国内だけで5700本前後運用されています。

日中仕事をしているような方が、ずっとマーケットに張り付いて、株価や債券、為替の値動きをウォッチし続けることは、現実的に不可能です。それに自分で判断して売買をして思ったような結果を出せるかというと、心配があります。

そこで、運用はプロに任せようというのが「投資信託」です。アセット・オーナーも、委託運用と言って、運用はプロの投資会社に任せています。それと同じようなことが個人でできるのが「投資信託」なのです。

投資信託を通じて投資できる先はたくさんあります。国内株式、国内債券、海外株式、海外債券を中心にして、海外株式については米国や欧州、中国、その他の新興国などにも分散投資できますし、金（GOLD）などのコモディティに投資できるタイプの投資信託も存在します。

そして、投資信託の買い方もとても簡単です。今は証券会社だけでなく銀行でも扱っていますし、最低1万円くらいから購入できます。非常に手軽な投資対象なので、投資経験がない人でも馴染みやすいですし、少額から買えるというメリットを活かして、毎月の少額積立投資にもぴったりです。

投資信託について、最低限知っておきたいこと

繰り返しになりますが、「投資信託」とはファンドの形態の一部の総称であり投資戦略でも投資する資産を指すものでもありません。したがって「投資信託が儲かるらしいよ」とか「投資信託はリスクが高い」というコメント自体が的はずれです。

大切なのは何にどのように投資をしているかですが、正直なところNISA指定の投資信託は似たようなものが多くラインナップとしては魅力度が低く見えます。

投資信託でよく買われるのは、何かの指標に連動して動くインデックスファンドです。インデックスファンドというのは、ある金融市場の指標をベンチマークに投資を行なっていくものです。日本では、東証に上場した株式全体の動きに連動するＴＯＰＩＸや、日経２２５などがありますし、米国上場株式に連動するＳ＆Ｐや、今人気のオール・カントリーなどがあります。

まずここで知っておかなければいけないのは、それらの商品は、**決められた指標に連動する、**ということです。日本株に連動する投資信託であれば、日本株と連動して動きますし、米国株に連動する投資信託であれば米国株と連動します。

日本株に連動するものであれば、日本株が落ちれば落ちますし、米国株に連動するものであれば、米国株に連動して落ちます。しかし、過去の歴史から見れば、長期間保有が可能であれば、何年か経てば大抵は上がっています。だから落ちたときに焦らずに「そういう商品だ」とあらかじめ知っておくことが大事ではないでしょうか。

次に、なぜ、投資信託に魅力的な商品がないのかというと、次の２つの問題があります。

1 コストに見合う商品がない

まず、負担するコストに見合うだけの商品が、あまりありません。

投資信託には日経平均株価やS&P500といった株価インデックスに対して運用成績を連動させるインデックス運用と、こうした株価インデックスを基準にして、それを上回るリターンの実現を目指すアクティブ運用とがあります。このうちインデックス運用の投資信託は、現時点でもかなりコストが下がっているのですが、アクティブ運用の投資信託のコストはまだ割高です。

アクティブ運用のフィーは3%程度というのが多いのですが、より高いパフォーマンスを出しているヘッジファンドでも2%です（ただし、ヘッジファンドの場合はパフォーマンスに応じた成功報酬もあるのでよいファンドを選ぶことは重要になりますが）。

もちろん、割高でも高いリターンを実現できればなんの文句もないのですが、多くのアクティブ型投資信託は、インデックスを下回るリターンしか実現できないのが現状でもあります。これでは何のために高いコストを負担しているのか、わからなくなってしまいます。最近の言葉で言えば、「コスパが悪い」のです。選ぶ側が相当しっかり調べないと、投資した後で「しまった！」ということになりかねませんので、情報収集をして優良なファンドを選ぶ事が重要です。

2 そもそもインデックスに連動させることの限界がある

投資信託の多くはインデックスをベンチマークとして、それと同じように動くか、もしくはそれを少しでも上回るリターンが実現するような運用を行ないます。

ただ、ベンチマーク至上主義の運用が、果たして正しいのかどうかについては、議論の余地があります。

第2章でも触れましたが、たとえばS&P500が1年間で10%上昇したとします。アクティブ運用は、これに対して11%、12%上昇することを目指します。ベンチマークの上昇率を1%でも上回れば、及第点が与えられるのです。

一方、1年間でベンチマークが10％下落した場合はどうでしょうか。この場合、それでもプラスのリターンを実現しろなどとは決して言われません。ベンチマークの下落率である10％に対して、少しでも下落率を小さく抑えられれば、それでよしとされます。たとえば下落率が8％で済めば、「よくやった」と褒められるのです。

でも、**そのファンドに資金を拠出している投資家からすれば、どうなのでしょうか。**いくらベンチマークの下落率よりも、ファンドの下落率を小さく抑えられたとはいえ、1年間で8％のマイナスが生じたのは事実です。

一方、パッシブ運用については、投資会社が違ったとしても、ほぼ同

じリターンを得ることになります。たとえばＳ＆Ｐ５００への連動を目標とするタイプの場合、投資会社が違ったとしても、ほぼ同じリターンになります。目標とする株価インデックスが同一であり、どの投資会社も、その株価インデックスに対して運用成績が極力連動するようなモデルを組んで運用しますから、運用成績に大差がつくはずもないのです。したがって、パッシブ運用のファンドを選ぶのは比較的容易で、身も蓋もなく言ってしまえば、**どの投資会社のファンドを選んでも、ほぼ同じです。**

アクティブ運用のファンドを選ぶのは難しいとなると、ベストではないかもしれませんが、どの投資会社のファンドを買ったとしても当たり外れが少ないという意味において、ベターな選択肢と言える、というのが今のインデックスファンドだと思います。実際、手数料も低いＥＴＦに多くの資金が流入しているのは一定の理由があるということです。

尖った運用をしたい場合

それでもアクティブ運用で尖った運用をしたいのであれば、たとえばS&P500を構成する500銘柄のうち、30銘柄だけをピックアップしてポートフォリオを構築します。これならベンチマークであるS&P500とはまったく違う値動きになり、アクティブ運用であることを実感できるわけですが、これだけ銘柄を絞ってポートフォリオを組めば、当然のことですが、当たり外れも大きくなります。したがって、投資する比率としては、小さめにしておくほうがよいでしょう。

中級者向けアクティブ・ファンドの選び方

アクティブ・ファンドを選ぶのは難しいという話をしましたが、自分で商品を選びたい人のために、選び方をまとめておきます。優秀なアクティブ運用は、株価インデックスを上回るリターンが期待できます。

・シャープレシオを見る

シャープレシオなんて聞いたことがないという方もいるかもしれませんが、これはリスクに対してより高いリターンを実現できているかどうかを測るための数字です。

プロのアセット・オーナーは、リターンを見るのは当然のこと、シャープレシオを用いて、より効率のよい運用を行なっているファンドを選びます。

シャープレシオは「リスク調整後リターン」を測定するためのもので、単純に一定期間中にどのくらい値上がりしたのかを見るのではなく、**取っているリスクに対して、どれだけ高いリターンが得られたのか**を見ます。計算式は、次のようになります。

(「ファンドのリターン」－「リスクフリーレート」)÷ファンドの標準偏差

リスクフリーレートとは、まったくリスクを取らない状態で得られる利回りのことで、一般的には国債の利回りが用いられます。日本であれば、日本国債10年物利回りがこれに該当します。

次に標準偏差ですが、これはリターンの平均値に対するリターンのバラツキを指す数字です。標準偏差が大きくなるほど、平均値に対して運用成績が上下に大きくばらついており、それだけリスクが高いことを意味します。逆に、平均値に対して運用成績のばらつきが小さいと、標準偏差は小さくなります。

この標準偏差を分母にして、ファンドのリターンからリスクフリーレートを差し引いたものを割りますから、標準偏差が大きいファンドほどシャープレシオの数値は小さくなり、逆に標準偏差が小さいファンドほどシャープレシオは大きくなります。つまり、**シャープレシオが大きいほどバラツキがなく安定した運用ができる**、ということですね。

たとえばまったく同じリターンのファンドが2つあったとします。リターンを比較しただけだと、どちらを選んでも同じ、ということになりますが、シャープレシオを見ると、どちらが効率よく運用したのかを把握できます。「効率よい運用」とは、できるだけ小さいリスクで、より大きなリターンを得る、という意味です。

具体的に、シャープレシオはどの程度がよいのかということですが、値が1以上であればリスクとリターンのバランスが取れていることになり、投資対象として検討する余地があるとされ、値が2以上だと、極めて優れた運用が行なわれていると判断することができます。

逆に0・5を割り込むような場合は、その運用会社との契約を解除する理由になります。

しかし、残念ながら現在、運用されているすべてのアクティブ運用のファンドについて、シャープレシオを一覧できる術がありません。出ている情報を見つめて個々で考えていく必要があります。

・その商品のルールに照らして見る

シャープレシオが簡単には見られないとなると、よい商品の見方としては、その商品のルールに照らして見ることも大事だと思います。

アクティブ運用の良し悪しを決めるのは、投資している市場のインデックス（ベンチマーク指標と呼びます）よりも、成績が上回っているのかということでした。であれば、過去に遡って、ベンチマークに買っているか、負けているか、を見ればよいのです。

アセット・オーナーも、ストレステストも行なっています。ストレステストとは、極めて強いストレスが与えられたとき、それでも安定した運用が維持されているかどうかをチェックすることです。

たとえば、過去において幾度となく、マーケットには大きな暴落が起こっています。2000年のITバブル崩壊しかり、2008年のリーマン・ショックしかりです。このような、株価が大きく下落したときに、それぞれのファンドがどの程度の値下がりで抑えられているのかを見るのです。もちろん、そのファンドごとに設定されているベンチマークの下落率よりも大きく下げているようなファンドは、できることなら選びたくないところです。

・暴落率ランキングは参考になるのか

一方、ネット証券のウェブサイトなどには「騰落率ランキング」を掲載しています。しかしそれは、商品選びにはほぼ参考にならないと思います。当たり前ですが、全体の商品の騰落率だけで並べたら、S&Pとかナスダックとか、**そのとき強いマーケットに連動する商品が上にくる**

だけです。その商品自体の実力で上がっているわけではないことのほうが多いのです。

たとえば、騰落率ランキングの上位3つの投資信託を購入しようと考える場合、多くの場合、同じものを投資対象とし、たまたま市場リターンが好調であったためにリターンがよかった投資信託を複数購入するということになります。

しかし、資産分散を考えるのであれば、同じマーケットだけ買っていても意味がありません。この本を書いている2025年初頭では、「イノベーション」「AI」「NASDAQ」関連の株式ファンドが騰落率上位にありますが、それぞれの上位10銘柄はアップル、エヌビディア、メタ・プラットフォームズ、マイクロソフトなど7割が同じ銘柄に投資をしています。

またたとえ、そのとき日本株市場があまり振るわず騰落ランキングの下位のほうにあったとしても、そのなかには、ベンチマークとするマーケットに勝っているファンドマネージャーもいるわけです。

騰落率ランキングが上位の商品でも同様です。米国株に投資するファンドでS&Pをベンチマークとする商品の中でも、マーケットが好調のときはきちんと上げつつ、下落局面でも、そこまで下がらないようにうまくポジションをとっているファンドマネージャーもいます。月次運用レポートを見て、ベンチマーク対比でパフォーマンスを追えば、そういうことは見えてきますので、私はできるだけそういうファンドマネージャーが運用している商品を選んでいます。

ちなみにこの「ランキング」指標のなかで「資金流入ランキング」というのも目にしますが、これはほぼ考慮しなくてもよい指標です。簡単に言うと「最も売れた」投資信託が並んでいるのですが、これは様々な理由でこのファンドが「販売された」だけで、ファンドマネージャーの優劣さとはなんの関係もないからです。その様々な理由のなかには「手数料が高い（ので販売員のインセンティブが高い）」「証券会社の大々的なプロモーション」「説明が簡単」などがあり、パフォーマンスとの関係はほぼないからです。

・投資哲学で選ぶ

もちろん、この人の考え方がいい、みたいなところで投資をしてもよいと思います。つまり「投資哲学」で選ぶということです。

アクティブ運用のファンドは、それぞれ特徴のある運用方針、投資対象を掲げています。たとえば「投資対象を30銘柄に絞り込み、途中で売らなくてもよい銘柄だけに投資する」といった運用方針のファンドもあります。このように、個別ファンドごとに掲げている運用哲学のなかから、自分が「これなら信じられる」と思えるものがあれば、それは買ってもよいアクティブ運用のファンドになります。

ただし、どれだけ運用方針を信じていたとしても、たとえば株式市場が10％値上がりしているのに、アクティブ・ファンドの運用成績がまったく上がらない、あるいは下落しているというような場合は、入れ替えを検討する必要があります。マーケット全体が上昇しているのに、運用成績が低迷しているアクティブ・ファンドは、どこかに問題があるからです。当然、投資している銘柄が集中しているので日々のマーケット全体との連動は低くなりますが、1年、2年と中長期的に見て市場よりもパフォーマンスが悪い場合は、ファンドマネージャーの「上がるはず」という仮説が実現できていないということになるので、やはり見直しを検討すべきでしょう。

不動産とリート（REIT）

国内不動産は、持ち家をすでに購入している場合、すでに保有しているすべての資産のうちかなりの部分を、国内不動産が占めることになりますから、特に何もする必要はないでしょう。

持ち家ではない人は、国内リートに投資してポートフォリオの分散を図る手はあります。

リート（REIT。Real Estate Investment Trust）とは、不動産投資信託というもので、国内は国内、海外は海外の不動産に投資するものです。収入源はオフィスビルや商業施設などの家賃収入ですので、安定した利回りが期待できます。

しかし、デメリットもあります。

不動産価格は金利が上がると下落します。リートは上場している投資商品であるため、その先に価格が変動する要因が想定される時点で、価格は織り込まれますので、**金利上昇が推定されると、価格は落ちます。**

日本の不動産価格はオフィス、住宅など上昇が続いているのに、リートは2022〜2024年でマイナスのパフォーマンスとなっているのはこれが背景にあります。J-REIT（国内不動産を対象とした不動産投資信託）の分配金予想は5％台と2024年末で魅力的な水準に見えますが、過去3年は配当を含んでもマイナスリターンとなっています。

また、現物ですので、不動産の純資産価値が下がることもあります。**不動産市場の状況が悪くなったり、建物の老朽化などで、不動産価値が下がると、リートの価格も下がります。**すると、最終的に戻ってくるお金が減ることがある、ということは頭に入れておいてよいと思います。

なお、海外不動産を扱うリートもあります。直接海外の不動産に投資するのはハードルが高いですので、もしどうしてもポートフォリオに組み入れたいというのであれば、海外のリート（不動産投資信託）を介して投資することをお勧めします。

ただしこのときも「金利」に気を付けたほうがよいでしょう。米国金利が急激に上昇した２０２２年は大きくパフォーマンスを下げていますし、逆に「利上げ打ち止め」観測が広がった２０２３年以降は２桁のリターンとなっています。地域と金利についても考慮したい商品です。

債券

債券は安心と思っている方も多いと思いますが、公開市場で取引されている以上、**普通に上下の動きが激しい商品**だと思っています。そして債券も金利変動により価値が上下します。

金利が上がると債券価格は下落しますが、先のリート同様、２０２２年の急激な米国利上げ局面（政策金利が０％から４・45％に引き上げ）においては、最も安全な資産と言われる米国債利回りは４・５％となり、米国債ＥＴＦ（長期ドル建）は過去最大マイナスリターンであるマイナス30%となりました。米国債を多く持つ日本の金融機関が大幅な評価損を計上したり、損切りしたというニュースもありました。2022年の債券市場は株式市場を上回る変動率（ボラティリティ）[*3]となり、通常では考えにくい市況ではありましたが、そんなことも起こるのがマーケットです。

安心と言われるのは、債券の現物を償還まで持ち切った場合は、決められたクーポン（金利水準によってすでに決まっている配当金）を定期的に受け取ることができ、最後には元本が返ってくるからです。5年物利回り2%の債券に100万円投資したとすると、毎年2万円の配当を5年間もらえて、最後は元本の100万円が戻って来る、というわけです。しかし、持ち切らない場合や「債券ファンド」に投資をする場合は、常に市場価格にさらされているということになりますので、売却タイミングによっては大きくマイナスとなる場合もあります。

＊3　2022年の市場価格変動率を表すボラティリティは、株式市場（S&P500）が約20%であったのに対して債券市場でも特に長期債は約25%だった

それを念頭に、分散投資の一つとして考えるかどうか、ということになりますが、**債券は現物で持たない限り、その効果は発揮しにくいだろうと考えています。**

金

金（GOLD）は、金地金を保有するという手もありますが、安全に保管するのが大変ですし、売却するときも案外時間がかかったりします。また1キログラムのバーを購入するためには1600万円弱の現金が必要になります。

もちろん500グラム、100グラムといった小さいバーもありますが、金のバーはグラム数が小さくなると加工費がかかり、そのコストが重いというデメリットがあります。

この点、金のETFであれば少額資金でも購入できますし、金の保管場所に気を使う必要もありません。株式とまったく同じように売買できますし、コストも割安です。

金は「有事の金」と言われることがあります。

戦争が起こる、経済恐慌が起こるというときには、円が買われて、金が買われて、フランが買われて、といった一定の動きがあります。とはいえ、フランなどの為替は振れ幅が大きいですので、ヘッジとして選択するしたら「金」になります。

また、「金」は、長期で分散を考える場合には考慮してもよい商品と言えるかもしれません。実物資産なのでインフレヘッジ効果もあります。自分も、iDeCoでは「金」に連動する商品を組み込んでいます。ただし、ここで注意があります。金ETFは現物価格に連動するものと、金先物価格に連動するものがあります。先物連動は運用リスク、市場リスクがより高いものとなるのでお勧めはしません。

商品先物（コモディティ）は個人は手を出さないほうがいい

商品先物とは、あらかじめ取り決めた日に一定の現物商品の売買をすることを約束し、その取引の価格を現時点で決める取引です。

金以外にもコモディティ（石油、天然ガス、銅、大豆、小麦、ココア等）は、先物取引業者を通じて個人でも売買できますが、商品先物取引は非常にリスクの高い取引なので、あまりお勧めできません。

ちなみに先物取引には、比較的流動性が高い株価指数を対象にしたものもありますが、それもボラティリティが高い上に、証拠金が必要でレバレッジがかかるため、リスクが高いという点で個人がおいそれと手を出すようなものではありません。商品先物はそこに流動性の低さ（下落局面などで売りたくても売れない状況となるリスク）と、需給の急激な変化など価格変動要因が大きく、専門家以外では適切に管理ができないでしょう。

またレバレッジと変動率の高さという点ではオプション取引も同様で、基本的にはお勧めしません。理解と管理ができない場合は無限の損失を被ることがありますので、勧められても簡単に手を出してはいけません。

暗号資産

暗号資産は、恐らくこれから注目されるのではないでしょうか。2026年あたりをめどに、金融庁は暗号資産を有価証券の一種として承認する方向で検討に入ったというニュースもあり、それが実現すれば、ビットコインなどの暗号資産を組み入れたETFの組成が、日本国内でも可能になります。

オルタナティブ投資

そしてオルタナティブ投資ですが、これについては私どものLUCAジャパンがまさに今、「オルタナティブ投資の民主化」を目指して、様々な取り組みを行なっている最中です。現在は、個人がオルタナティブ投資をするにしても、結構高額な資金が必要であり、その意味ではまだ富裕層向けの金融商品ではありますが、目標としてはこれをまず1万ドル程度で購入できるところまで、小口化を進めていきます。150万円程度で投資できるようになれば、個人の資産形成におけるリスク分散も一段と進むと思います。

オルタナティブ投資でよく行なわれるものに「プライベート・マーケット投資」があります。簡単に言えば、未公開の投資対象でリターンを得る投資戦略のことです。

まだ多くの人には馴染のない戦略かもしれませんが、金融市場全体を見るうえで急成長している戦略ですので、少し説明させていただきます。

実は、世界経済の85%は未公開市場です。私たちは、ともすれば上場されている株式や債券だけを投資対象と考えがちですが、世界経済を広く見渡せば、上場資産の占める比率は、たったの15%でしかありません。その数字からすれば、上場資産のみで資産運用をするのは、むしろ85%という大部分を形成する資産を無視して運用していることになります。それはひょっとすると、機会損失という意味でリスクの高い投資行動なのかもしれません。

プライベート・マーケット投資は多岐にわたっています。代表的なものについて簡単に説明していきましょう。

・プライベート・エクイティ

プライベート・エクイティは直訳すると未公開企業株で、未上場株への投資を広義で意味していますが、多くの場合バイアウトと呼ばれる戦略を意味しています。バイアウト戦略はＴＯＢ（株式公開買付）などによって会社の経営権を取得した後、企業価値を高めて売却し、売却益を得る投資戦略のことです。公開企業の場合、株主の目があるため、経営の自由度が狭められてしまいますが、公開されている株式の過半数以上を全部買い取って非上場化してしまえば、思い切った人員削減や不採算部門の売却などリストラを断行しやすくなります。このように様々な手法を駆使して企業価値を高め、株式を再上場させるか、他の企業などにより高い金額で事業譲渡を行ない、売却益を得ます。また、必ずしも上場企業を未公開化するわけではなく、はじめから未上場企業の50％以上の株を取得し経営権を持つこともあります。

・ベンチャー・キャピタル

ご存じの方も多いのではないでしょうか。よくスタートアップ企業がベンチャー・キャピタルから事業資金の提供を受けた、といったニュースを耳にします。

ベンチャー・キャピタルは、スタートアップ企業に出資をし、企業の成長支援をしながら数年後の上場や買収などのＥｘｉｔ[*4]を目指す投資となります。

出資ですから、投資先のスタートアップ企業が倒産すれば、出資した資金は戻ってきません。銀行の貸出に比べてリスクは高いのですが、その代わり、出資先企業が株式を公開すれば、出資したときに比べてはるかに高い株価で、持株を売却できます。典型的なハイリスク・ハイリターン投資と言ってもよいでしょう。

・インフラストラクチャー

その名の通り、橋や上下水道、空港、港湾など、社会を支えているインフラに投資することで、それらの使用料をキャッシュフローとして安定収益を得る投資です。

インフラストラクチャーの最大のメリットは、そもそも国民経済や地域社会が機能するために必要なサービスであることから、景気の良し悪しに関係なく、安定した需要が存在することです。またインフレ連動型の料金設定をされることが多く、インフレヘッジとしても有効であるとされています。かつ、インフラは規制や制度によって守られ、かつ多額の初期投資が必要であることから、参入障壁が高く、競合相手が現れにくいという特徴もあります。結果、長期的に安定した収益を得ることができるのです。

・**不動産**

オフィス、住宅、ホテル、商業施設、倉庫などの施設に投資して、そこから安定的に家賃収入を得るというものです。

個人でも不動産投資をされる方も増えているので想像しやすいでしょう。

＊4　ここでは、投資会社などが第三者に株式を売却したり、ＩＰＯ（株式公開）をしたりすることにより利益を得ること

東証に上場している不動産投資信託は、上場投資信託という枠組みを用いることによって公開資産とし[*5]、高い流動性を確保していますが、それ以外にも、たとえばオフィスビルの区分所有権を取得して、そこから安定収入を得るなど、様々な投資法が存在しています。それに対して古くなった不動産を改修工事などをして価値を上げるバリューアップ戦略などもあります。この場合は「安定した賃料」というより、より高い価値で売却する「キャピタルゲイン（値上がり益）」を狙うものになります。

・プライベート・デット（クレジット）

銀行以外の主体が企業の負債に投資する戦略です。貸出に近いものではあるのですが、多くが大企業以外の中規模企業や未上場企業への貸付証券となります。担保を設定しているか、第一抵当権[*6]か、劣後債[*7]かで、リスクが異なるものとなります。

このようなプライベート・マーケット戦略は、戦略にもよりますが、株式市場を上回るリターンを実現できるものもあります。

次ページ図3－1は2014年から2024年までの戦略別リターンを示しています。この間、米国を代表する株価インデックスであるS&P500は、米ドルベースで3・3倍になりました。これに対して、プライベート・エクイティのリターンは、3・7倍にもなります。他、ベンチャー・キャピタルが2・8倍、インフラストラクチャーが2・7倍、プライベート・デットが2・5倍となっています。

また、プライベート・マーケット戦略を含むオルタナティブ投資は、総じてマーケットが大きく下落したときに、その強みを発揮する傾向が見られます。

過去、幾度となく起こったショックにおいて、最大下落率がどうなったのかを比較してみました。

図3－2を見ると、2007年12月から2009年3月までのサブプ

＊5　公開されている資産
＊6　借金が返済できない場合に、担保物件から弁済を受ける権利を抵当権と言う。第一抵当権は、その優先順位が一番ということ
＊7　発行した企業が破綻したときに、一般の債権者よりも返済の優先順位が後になる債券。リスクが大きい分、利回りが高く設定されている

図3-1 戦略別リターン(2014–2024)

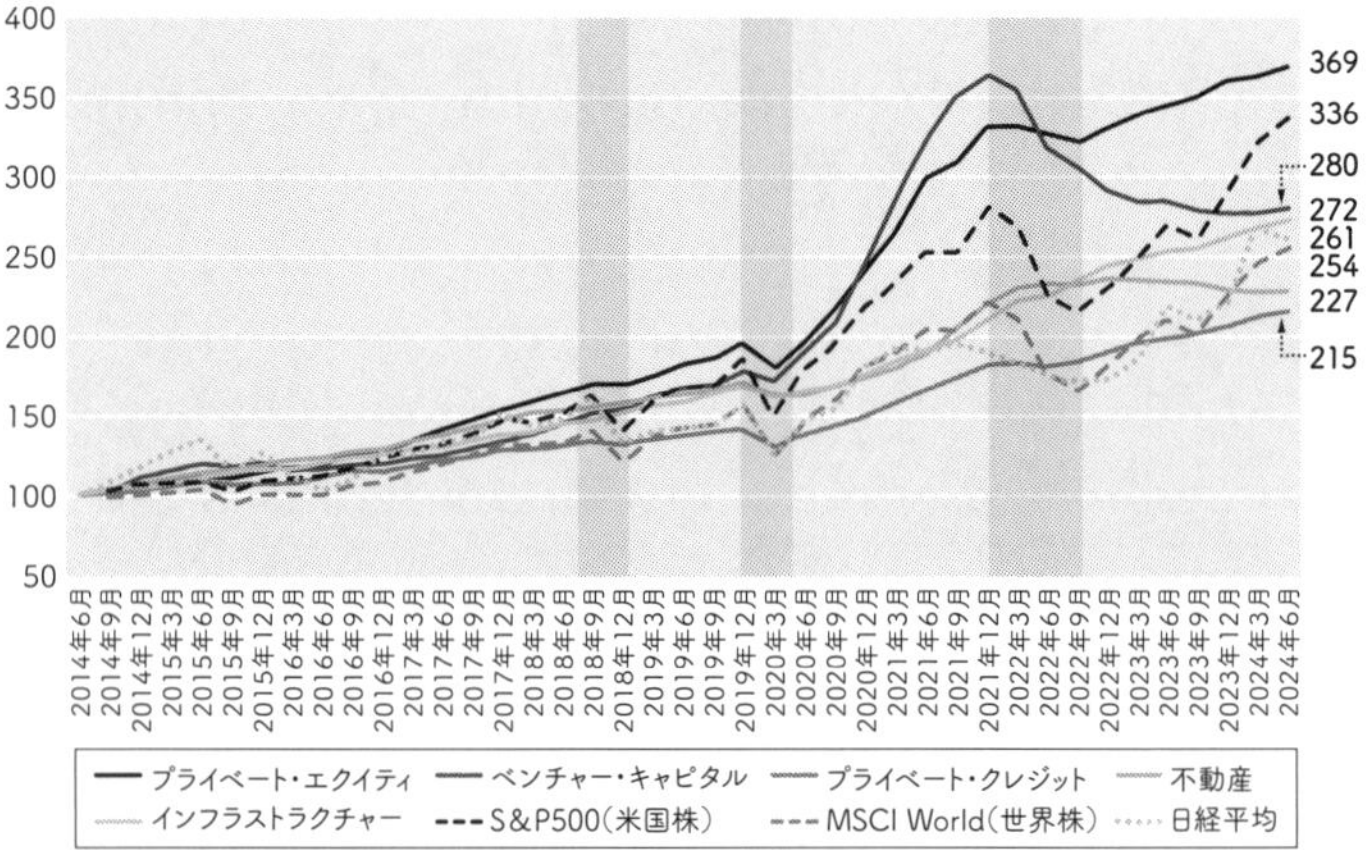

	ドル	円
プライベート・エクイティ	3.7倍	573万
ベンチャー・キャピタル	2.8倍	434万
インフラストラクチャー	2.7倍	420万
プライベート・デット	2.5倍	390万
S&P500	3.3倍	512万
日本株		260万

図3-2 市場下落時の最大下落幅（ドローダウン）

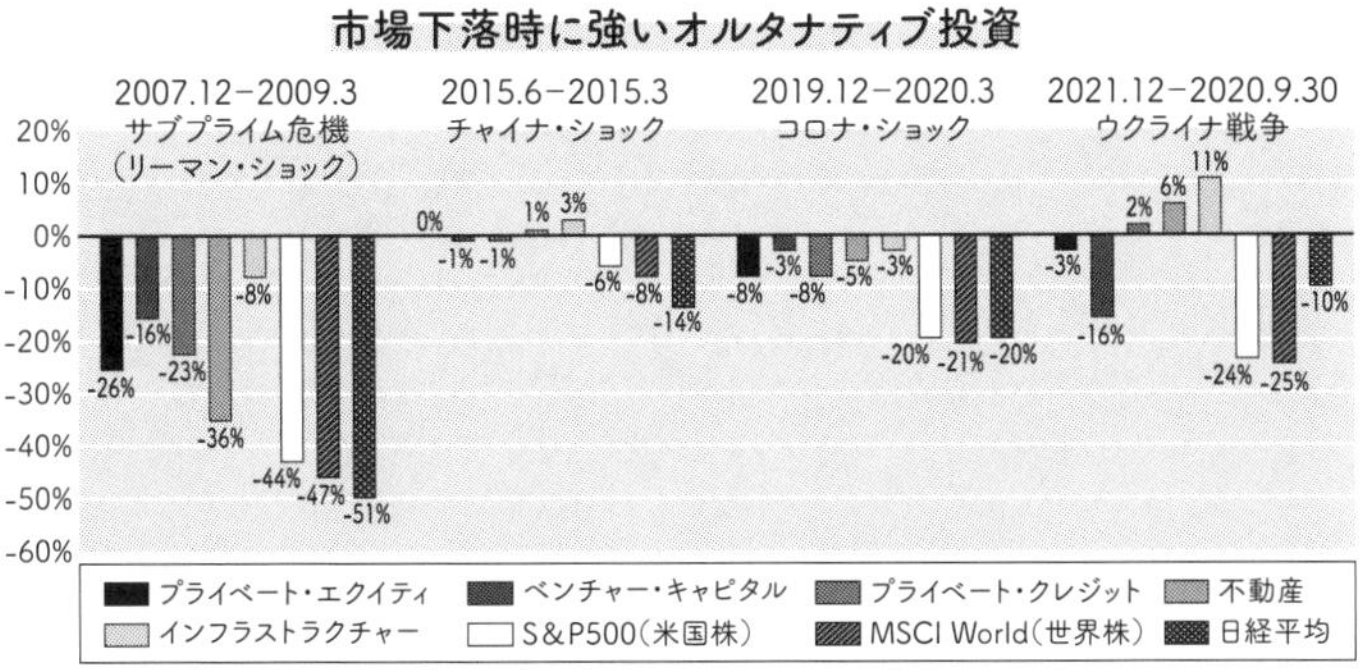

※黒・グレーのグラフがオルタナティブ　データ出所：Preqin、Nikkei　作成：LUCAジャパン

ライムショックとリーマン・ショック時における最大下落率は、日経平均株価がマイナス51％、MSCI Worldがマイナス47％、S&P500がマイナス44％だったのに対して、不動産がマイナス36％、プライベート・エクイティがマイナス26％、プライベート・デットがマイナス23％、ベンチャー・キャピタルがマイナス16％、インフラストラクチャーがマイナス8％、となっています。

重要なのは、プライベート・マーケット戦略が市場との連動性が低いことや、下落局面で比較的耐性が高いことです。10年、20年と長期投資をするときに、下落する幅や、数が少ないほうがより高いリターンを達成できるというわけです。

◆

一通り商品についてはまとめましたが、どういう状況のもとで損失を被るリスクが高まるのかは、一通り把握しておくべきでしょう。そうしないと、基準価額が下落して利益が縮小、もしくは損失が生じたとき、どうしてそのような状況になっているのかが皆目わからず、不安感だけが増して解約してしまうことになります。そして、資産運用において最もやってはいけないのが、このような狼狽売りなのです。

アセット・アロケーションを考える

以上のような商品について、できるだけ同じ値動きをしないようなものを組み合わせながら、アセット・アロケーションを考えていきます。

「どの商品をどのくらい」ということについては、「いつまでにどれだけ貯めたいのか」によって決めることになります。

その金額を達成するために、大体想定する利回りが算出されますから、あとはそれに沿って、銘柄やファンドを選んでいけばよいでしょう。

実際に投資を始めて、「あれ、私が思ったよりちゃんと上がらないな」と思ったら、それは個別のファンドの要因ですので、他のファンドにするとか、やめるとか、もう少し持ってみるとか、そのときまた考えればよいと思います。

いずれにせよ、あまり厳密に比率で分けようと思うとしんどくなりますので、「世界情勢が心配だから、金を少し増やしておいたほうがいいかな」とか、それぐらいの感覚でいいと思います。それぞれの商品のリスクとメリットを知って、マッピングができていれば、やりやすいでしょう。

割り切っているのであれば、オルカン1本でもいいのですが、今後何があっても減らしたくない、安定した資産設計をしたいと考えるのであれば、資産の分散を考えましょう。

複数の商品を買えばいいと思っても、同じ日本株市場のインデックスである「TOPIX」と「日経225」を買うというのでは分散にはなりませんので、126ページの図を見ながら、なるべく違う動きをする資産を組み合わせてください。

資産クラスを分けた後は、地域を分散させることも多いです。

株だとしたら、アメリカ、日本、オール・カントリーを買ったとして、もし次を考えるのであれば、新興国を買うのか、成長基調であるインドを買うのか、といった地域的なことを考えます。

オール・カントリーなら最初から分散しているから、これ1本でいいのではと思うかもしれませんが、もし今後も日本に住んでいて、円高傾向になる可能性もあると予想するのであれば、為替のことを考えて、TOPIXや日経225など日本株に連動するものを持つことを考慮してもよいかもしれません。

あとは、関心に応じて「AI関連」などセクター別に投資する商品を買ったり、さらなる分散を考えて、ゴールドファンド、リートなど実物資産系を検討するような流れです。

NISAやiDeCoで分散する

限られた商品数ですが、NISAやiDeCoの枠組みの中でも投資信託、株、債券と、伝統資産での分散は行なうことができます。

ちなみに私は、iDeCoはできるだけ分散投資をしていまして、

・日本バリュー株
・TOPIX
・US株（アクティブ運用）
・ダウインデックス
実物資産として、
・純金ファンド
・米国不動産REIT
などを入れています。

大きく銘柄を入れ替えたりはしていませんが、金利状況や世界情勢に応じて節目節目に見直して、6年で67％、年率平均で8・8％なのでまあまあの成績かと思っています。ただ、この間コロナショックもあり、ウクライナ戦争もありと市場が混乱した時期がありましたので、年単位で見ると、年間のばらつきは大きいです。ただiDeCoは年金受取り時期まで引き出しもできない長期運用ですので、まったく問題ありません。

iDeCoやNISAでも頑張ればアセット・アロケーションはできるのです。

自分のリスク許容度を考える

ポートフォリオを組む前に1つだけ、とても大事なことを確認しておく必要があります。

それは自分のリスク許容度を把握しておくことです。

リスク許容度とは、簡単に言えば**「どのくらいの損失まで耐えられるのか」**ということです。

ただ、実際にはなかなか自分ではわかりません。皆さん、どのくらいの損失が生じると、不安になりますか？

リスク許容度を考える前に、図3－3の数字を見てください。各資産を1年間保有している間に生じる年間リターンの振れ幅です。1984年12月末から2023年12月末までの、各資産を代表する指数を用いて、1年間保有したときの最高のリターン、最低のリターンを示してい

図3-3 各資産を1年間保有した場合の年間リターンの振れ幅
（1984年12月末～2023年12月末）

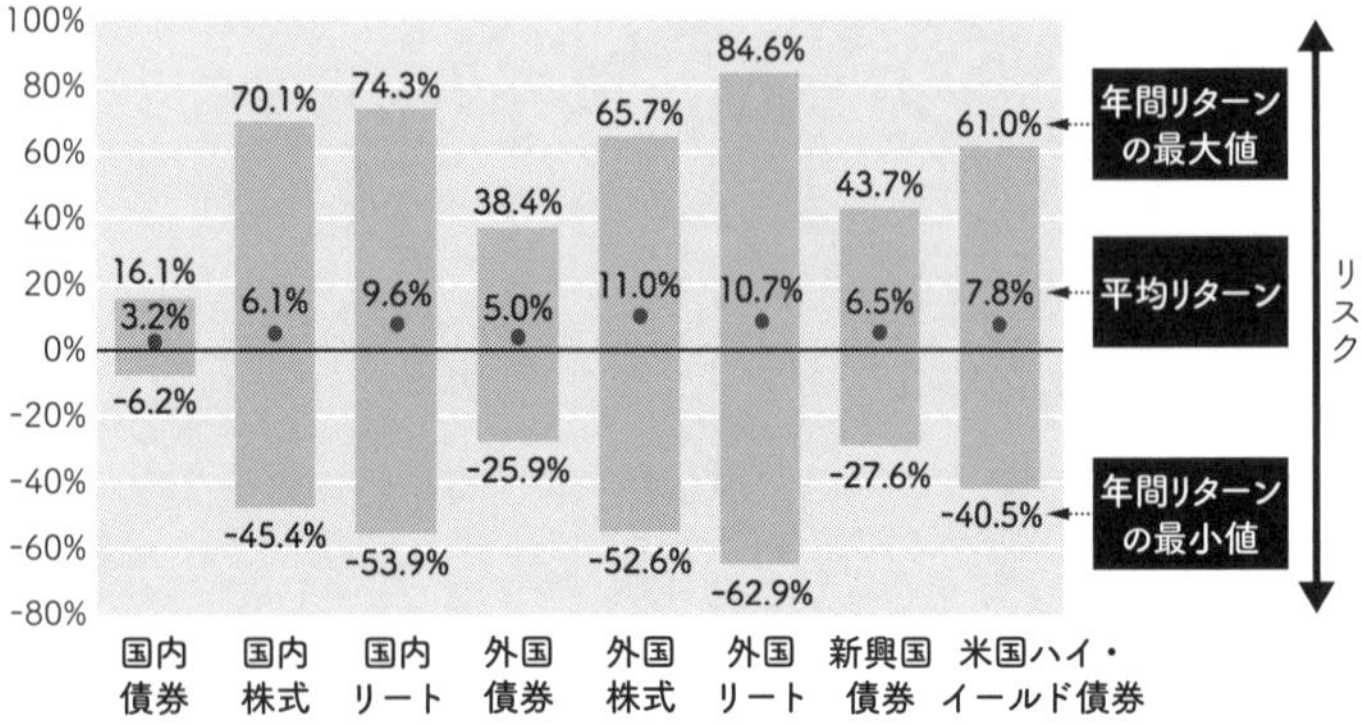

出所：ブルームバーグ等のデータをもとに野村アセットマネジメント作成

ます。

結果はグラフで示した通りです。この棒グラフの高低幅が大きなものほど、リターンのブレが大きいことになります。

たとえば国内株式の場合、前述したように1年間でマイナス45・4%ということは、100万円を投資して、最悪の場合だと1年間で45万4000円の損失が生じることを意味します。

100万円を投資して、1年間で45万4000円の損失が生じるリスクを、あなたは許容できますか？　日本株式をポートフォリオに組み入れるかどうかは、そのことを自分でしっかり考えてからにするべきでしょう。

ちなみにグラフを見たところ、**最もブレが大きい資産は外国リート**で、最高が84・6％、最低がマイナス62・9％で、その平均値は10・7％となっています。

当然のことですが、最もブレが小さいのは国内債券で、最高が16・1％、最低がマイナス6・2％、平均値が3・2％です。

また同じ株式でも、国内株式が最高70・1％、最低がマイナス45・4％、平均が6・1％であるのに対し、外国株式は最高が65・7％、最低がマイナス52・6％、平均が11・0％で、やや国内株式に比べてブレが大きそうに見えるのは、外国株式の場合、その指数の値動きに加えて為替の値動きも加味されているからと思われます。これは国内リートと外国リート、国内債券と外国債券、新興国債券、米国ハイ・イールド債券にも、同じことが当てはまります。

リスクを考えるための5つの視点

　また、このように「自分ではここまでの損失なら許容できる」という絶対金額ベースでリスク許容度を測ることも大事ですが、ほかにもその人の生活状況や経済状況も合わせて検討してください。具体的には、「収入」「保有資産」「年齢」「性格」「投資経験」の5つです。

「収入」は言うに及ばず、でしょう。当然、収入が多い人ほどリスク許容度は高くなります。十分な収入があれば、多少、運用に失敗して含み損を抱えることになったとしても、生活そのものに支障を来すことはないでしょう。

　もう少し突っ込んで考えると、これは「収入と支出のバランス」でもあります。いくら収入が多くても、支出が多かったら余裕資金が少なくなり、リスク許容度は低下せざるをえません。借金の返済が多い場合も同様です。

「家族構成」も含めて、収入の高低からリスク許容度を割り出す必要もありそうです。単身者で、かつ収入が多ければ最強ですが、収入が多くとも、結婚して子どもがおり、これから教育費や何やら多額の出費が予定されているような場合は、リスク許容度は低くならざるを得ません。

「保有資産」も収入と同様、基本的には大きな額を持っている人ほど、リスク許容度は高まります。保有資産が大きいほど、運用資産に損失が生じたとしても、日常生活にはそれほど影響が生じないからですが、保有資産が多い反面、負債も多いというケースもあります。特に不動産を保有しているケースがこれに該当しやすいと言えるでしょう。

「年齢」については前述したように、若い人ほど一般的にリスク許容度は高まります。損失が生じたとしても、運用できる期間が長い分だけ、損失を回復させるチャンスに恵まれるからです。逆に年齢が上がるほど、リスク許容度は低くなります。

ただ、年齢が若いからといって、一概にリスクを高めに取ればよいとも言えません。4つめの要素として「性格」の問題が絡んでくるからです。

基本的に慎重な性格の人ほど、リスク許容度は低くなります。いくら収入や保有金融資産の額が大きくて、かつ年齢が若かったとしても、慎重な性格の人はそれほどリスクを取りたがりません。自分の性格に合わないようなリスクのポートフォリオを持つと、恐らくわずかな損失が生じただけで夜も眠れなくなってしまったりするでしょう。それは決して健全ではないので、最終的には自身の性格が、リスク許容度には大きく反映されると考えられます。

とはいえ、その性格に関しても、経験値によってある程度のカバーはできると思います。投資経験が豊富であれば、慎重な性格の人でもある程度、リスクを高めた運用は可能になると思われます。逆に投資経験がない人は、そもそもリスクの高い運用は避けるべきでしょう。

このようにリスク許容度は、「収入」×「保有資産」×「年齢」×「性格」×「投資経験」というかけ算から導き出すことができます。

第4章

「運用」をしてみよう！

余裕資金を割り出す

さて、ポートフォリオがある程度見えましたら、具体的な投資について考えてみましょう。

投資をするには資金が必要です。その際、投資に充てる資金は余裕資金であることが大原則です。

ＧＰＩＦの運用にたとえるとわかりやすいかと思います。

前述したように、日本の年金は「賦課方式」といって、働いて稼いでいる現役世代が毎月払っている年金保険料を、高齢者に支給する年金に充てています。基本的に年金保険料の総額は、支給している年金の総額よりも多いため、そこに差額が生じます。この差額をひとまとめにして運用をしているのがＧＰＩＦです。

同じことは私たちの資産形成にも当てはまります。働いて稼いだ収入に対して、日々の生活費が多ければ、その月の家計は赤字ですが、そんな生活をいつまでも続けていたら、どこかで破綻してしまいます。

ですから私たちは生活費を切り詰め、毎月の収入に比べて支出が少なくなるように努力します。その結果として生じる余裕資金をプールし、不意の支出が生じたときや、家など大きなものを買うときの原資、あるいは自分自身の老後生活に必要な資金に充てていきます。

資産運用は、この余裕資金をより効率的に増やすための方法を考えることです。

資産運用をしないと、手元の資金は目減りする

もちろん、タンス預金として現金のまま持ち続けるという手もあります。が、かつてのように日本経済がデフレだったときであれば、それもよかったのですが、これからはインフレの時代になる可能性があります。そのとき、現金を後生大事に抱えていると、お金の価値はどんどん目減りしてしまいます。

10万円を現金のまま引き出しに仕舞い込み、10年後に取り出しても10万円ですが、この間に物価が上昇したらどうでしょうか。10年前には10万円で買えたモノが、10年後には20万円になっているかもしれないのです。

銀行預金も同じです。預金の利率が物価上昇率を上回っていれば、銀行に預けておくだけでもインフレリスクをヘッジできますが、残念ながら今の金利情勢では、物価上昇率を上回る預金利率は期待できません。

2024年12月の消費者物価指数は、総合指数の前年同月比が3・6%の上昇でした。これは、2023年12月から2024年12月までの1年間で、私たちの生活に必要な物資の値段が3・6%上昇したことを意味します。

では、2023年12月時点の1年物預金利率は何パーセントだったのでしょうか。一般的に、店舗を構えている銀行よりも金利が高いと言われるネット銀行で、最高が0・35%、最低が0・002%でした。最高でも0・35%ということは、それに預けて運用したとしても、物価が3・6%も上昇しましたから、私たちが銀行に預けたお金の価値は、この１年間で差し引き３・25％も目減りしたことになります。

「まあ、でも３・25％程度の目減りなんて大したことないでしょう」と思いますか？

もしこのような状況が今後10年にわたって続くと、現在のお金の価値は37・６％も目減りしてしまうのです。これは現在の１０００万円が、10年後には62万４０００円の価値しか持たないことを意味します。

このように考えると、資産運用がいかに重要なことか、ご理解いただけるのではないでしょうか。ＧＰＩＦが必死に投資先を探して年金の積立金を運用するのは、こうしたインフレによるお金の価値の目減りをできるだけ抑えるためなのです。特に年金は、極めて長期間の持続性を求められますから、インフレはまさに大敵です。

値下がりしても慌てない資金で始めるのが第一歩

ただ、資産運用にはリスクがつきものです。まったくリスクを負うことなく、１年で３・６％の物価上昇率を超えられるリターンを出せる投資対象は、少なくとも今の日本にはありません。何かのリスクと引き換えに、そのリターンを実現させていくしかないのです。

とはいえ、まったく無防備にリスクを取りにいけば、後悔することになります。資産運用の対象は、多かれ少なかれ、価格が変動するからです。値上がりすることもあれば、値下がりすることもあります。したがって、資産運用をするにあたっては、まず値下がりしても慌てずに済むお金を充てることが大事です。これが、資産運用をする際のリスクマネジメントの第一歩と考えてください。

「余裕資金」として考えられるお金は？

ある程度、まとまったお金があるならば、そのうち当面は手を付けずに済むお金を投資資金と考えればよいでしょう。よく言われるのは、貯金から半年〜1年分の生活費を除いたお金、と言われます。もし、仕事を失って定期的な収入が一時的に入ってこなくなったとしても、半年から1年程度の生活費があれば、その間に別の仕事を見つけるなどリカバリーができます。この半年から1年分の生活費を除いたお金が、余裕資金であると考えられます。

また、毎月の収入と支出の差額と考えてもよいでしょう。特に、年齢が若い方で、これから資産形成をする人たちにとっては、この考え方がぴったりだと思います。収入と支出の差額を毎月、コツコツと積み立てていくのです。

積立投資のシミュレーションは、多くのインターネット金融機関がサイト上で計算できるようにしています。実際に使って計算してみてください。チリも積もれば……ではありませんが、毎月少しずつの金額でもるはずです。たとえば、毎月の積立金額を3万円にして、それを年4％で運用すると、30年後には2055万円の資産を築くことができます。[*1]

積立投資に回すと、20年後、30年後には思った以上の資産が築かれてい

なぜ余裕資金で運用しなければならないのか、ですが、これは前述し

*1 野村證券「マネーシミュレーター　みらい電卓　積立編」を用いて計算

たように、資産運用の対象は、価格が変動するからです。

値上がりしているときはよいのですが、値下がりすると、人はとても不安になります。今日、5万円損した、10万円損した、などということが続くと、資産運用をしたくなくなります。そして、できるだけ今の苦しい状況から逃げたいという気持ちが強くなり、最悪の場合、そこで資産運用を止めてしまったりもします。

しかし、**個人の資産運用は基本的に長期で行なうべきもの**です。

そして先述しましたが、個人の場合、自分のお金を運用するだけなので、誰に気を使う必要もありません。途中経過など気にせず、長期で運用できるのです。時間を味方につけることができる。これが個人の最強の武器と言ってもよいでしょう。

運用計画を立てる

次に運用計画を立ててみましょう。計画というか、これから長い時間をかけて行なっていく資産運用の設計図を作るようなものです。

第3章で触れた、アセット・オーナーの投資設計を思い出してください。「Who」「Why」「How long」です。

まずは最も大切な「Why」。なぜ、資産運用をするのかです。そしてその資産運用目的を考えるとおのずと「How long」である運用期間も見えてきます。

こちらは、年代によってても変わってくると思いますので、それぞれ説明します。

・20代、30代

まず20代、30代という若い世代は、恐らく大きな資産を持っている人のほうが稀だと思います。どちらかというと、今ある資産を大きく増やすというよりは、月々の収入と支出を上手にバランスさせながら余裕資金を生み出して、それを定期的に積み立てていくという運用計画が、最も合理的でしょう。

また運用の時間軸を長く取れるので、リスクの高い資産での運用も可能です。仮に大きな損失が生じたとしても、回復するまでの時間が十分にありますし、仕事から得られる収入もあるので、多少、損失が生じたとしても、生活設計全般を大きく見直さなければならないような事態に陥ることは、ほとんどないと考えられます。

ただ、積立投資も効率的に増やすためには、ちょっとした工夫が必要です。たとえば毎月1万円ずつでも、何もしないよりはマシなのですが、ある程度の資産を築こうとするならば、年齢が上がるごとに少しずつ積立金額を増やすことをお勧めします。

たとえば毎月1万円ずつ30年積み立てたとしても、積み立てる元本は

360万円です。これを年5％で運用したとしても、合計で832万円程度にしかなりません。恐らく老後資金には不足でしょう。積立投資をスタートするときは毎月1万円でもよいのですが、たとえば35歳になったら3万円、40歳になったら5万円、というように、**できる範囲で積み立てる金額を増やすのが、早めに資産を築くポイントです。**

ところで、若いのだからどんなリスクをとってもよい、という論調を目にすることがありますが、「一発逆転」はギャンブルの発想で、資産運用ではありません。多くの方がSNSなどを信じて投資詐欺に巻き込まれている事実も含めて、再度強調しておきます。

20代はオルカン1本もあり

第2章で、「オルカン1本」というのは分散の観点でよくないとはお話ししましたが、今20代で限られた資金だが長く継続的に投資をすることが前提であれば、「オルカン1本」といった投資の仕方は、真理ではあると思います。

たとえば20代で積立だけで運用する場合で、上がっても下がっても、40歳までは黙って確実に毎月投資し続けると決めていれば、途中で大きなリスクが訪れても挽回はできます。このアプローチは毎月同じ金額が引き落とされていく生命保険を買うのと似ていますね。ただし、株のマーケットは普通にしっかり落ちますので、そのときに慌てないということが大事です。

自分の条件も当てはめたうえで、20代の方が「40代にはまとまった資金で投資運用ができるように、まずは積立投資を余剰資金で20年継続する」というのは明確な投資目的になると考えます。

50~60代に最適な運用は？

一方、若い人たちに比べて、これまでほとんど資産運用をした経験がない状態で50代、60代になった人たちの運用計画を立てるのは、なかなか難儀です。なぜなら長期運用がしにくいからです。

時折、「人生１００年時代、60歳から投資を始めても遅くない」といった意見を耳にしますが、本当でしょうか。そもそも１００歳になるまで健康で、現役時代と同じような生活を送れる人など、そうそういないはずです。

学術誌の「Ｎａｔｕｒｅ　Ａｇｉｎｇ」に掲載された研究論文[*2]によると、１９９０年以降の平均寿命の延びは、わずかに6〜12年であり、今世紀中に人間の寿命を大幅に延ばすのは、医療技術がどれだけ進歩しても実現不可能と言われています。

確かに日本人は世界的にも長寿ですが、実は平均寿命に対して、健康寿命は男性が約9年、女性が約12年も短いという調査結果もあります。つまり、60歳から投資をスタートさせたとしても、「人生１００年時代だから」などと言われているほど、自分の判断能力で運用を続けられる時間はないということです。

健康寿命を考えれば、たとえば60歳から資産運用を始めたとすると、

＊2 Olshansky, S.J., Willcox, B.J., Demetrius, L. *et al.* Implausibility of radical life extension in humans in the twenty-first century. *Nat Aging* 4, 1635–1642 (2024).

せいぜい運用期間は10年くらいでしょう。しかも、高齢者になると仕事をしていないケースが多く、大半が年金暮らしになります。そのような状態の人が退職金をハイリスク商品に投じた挙句、資産が半分に目減りしてしまったら、老後の生活設計そのものを大きく見直さざるをえなくなります。つまり高齢者は、できるだけ低リスクの資産を選んで、ポートフォリオを構築する必要があります。

ただ、低リスクの資産は、ほとんどリターンが期待できないというジレンマもあります。

そこで一つ、アイデアがあります。その時点である程度の資産を持っていることが前提条件になりますが、**キャッシュフローをしっかり生み出すものでポートフォリオを組むこと**です。

たとえば毎月5万円の現金収入を得たいとするならば、年間60万円を稼げる資産で運用すればよいということになります。ちなみに年間60万円のキャッシュフローを、年5％の運用利回りで得ようとしたら、必要な元本は1200万円になります。これは年間の必要金額を、想定した

運用利回りで割れば、簡単に計算できます。このケースの場合だと、

60万円÷5%＝1200万円

というわけです。このように必要な金額と想定した運用利回りを決めたら、あとはその利回りで運用できる資産を探せばよいのです。元本と利回りが確定されてブレがないものは、第2章でも触れましたが、**債券**の**現物買い**です。問題なのは、現時点で円建てで5%の利回りの債券はリスクをそれなりに取るもの（会社破綻があった際に返済順位の低い「劣後債」など）でないと見当たらないということです。一方で金利が高めのドル建てであれば最も安全な資産である「米国債」が4・5%程度でもあります。この場合はドル円の為替なども考慮する必要がありますが、分散投資が可能であれば考えられると思います。

ところで、あくまでもこれも現時点での話ですが、たとえば**不動産投資信託**や、**株式**でも高配当銘柄を探すと、年5%程度で回せるものが見つかります。

しかし、これらの商品や銘柄は当然ながら市場にさらされており価格

変動していますので、キャッシュフローはある程度想定できるかもしれませんが、そもそもの投資元本の評価が下がることも往々にしてあるということです。

「高配当銘柄」や「毎月分配」型が「年金代わりになりますよ」と勧められていることがあるようですが、とりわけ個別銘柄である「高配当銘柄」は「年金代わり」のつもりの投資が市場が下落すれば極端な話、半値になることだってありますので、十分にお気を付けください。

また、ちょっと前に話題になった「老後2000万円問題」は、高齢者夫婦無職世帯の平均的な家計収支を見ると、月の実収入が20万9198円であるのに対し、実支出が26万3718円なので毎月5万4520円が不足し、老後を30年と想定すると、合計で1962万7200円不足するから、貯蓄を取り崩して生活しましょう、という話でしたが、貯蓄の取り崩しは、高齢者にとって結構厳しい問題です。

若い頃に比べて体力や気力が衰え、働いてお金を稼ぐことが困難な状態で、自分の資産を取り崩していくわけですから、長生きをすればするほど、不安が募っていくでしょう。クオリティ・オブ・ライフがガタ落ちです。

この点、ある程度のキャッシュフローが得られる資産を保有し続けることで、毎月の不足分を埋めていくという戦略なら、安定的にキャッシュフローが発生する債券を持ち切りのみで運用するということも一つの戦略です。このように投資目的によって投資対象は変わってくるのです。

ちなみに、少し前に個人に多く売られて問題になった「仕組債*3」には注意が必要です。債という言葉が使われているので債券と同様のリスクと勘違いしている人もいますが、これは先にも触れた「オプション取引」を内包した非常にリスクの高いものです。「高利回り」を作り出すためにデリバティブが組み込まれ、とりわけオプション取引は、市場にストレスが掛かり下落局面には大きな損失につながります。「高利回り」という言葉にひかれても、決して個人が手を出すべきものではありません。

*3 オプションなどを組み込むことで、通常の債券とは異なる動きをする債券。オプションは、あらかじめ決められた日に事前に決められた行使価格で取引できる権利のこと

逆算の発想で運用計画を立てる

運用計画を立てるうえで重要なのは、逆算の発想です。「今あるお金を何パーセントで運用すれば将来、このくらいのお金になるのではないか」を計算するのではなく、「一定期間後に必要な資金はいくらなのか」を考えたうえで、それに必要な資産を検討していくのです。それが運用計画を立案するための第一歩になります。

運用計画を立案するためには、収入だけでなく支出もしっかり把握しておく必要があります。いささかＦＰ（ファイナンシャル・プランナー）的な物言いになってしまいますが、特に気にしておくべきは、大きな金額の支出です。

日常生活に必要な支出は、それほど大きくはブレません。たまの外食や旅行で少しお金を使い過ぎた、友人の結婚式や親族のお葬式といった交際費が発生した、といった類の小さなイベントによる支出はあっても、よほどのことがない限り、月々のほぼ決まった支出額から大幅に増えるようなことにはならないでしょう。

イベントを書き出してみる

ただ、人生のなかには幾度か、大きな支出を伴うイベントがあります。特に結婚してからのイベントをざっと挙げると、「結婚式」「引越し費用」「出産」「育児・教育」「自宅購入」「双方の親の介護」といったあたりが主だったところだと思いますが、そのつど、相応の出費が発生します。つまり、運用によって資産をコツコツ増やしていくなかで、この手の大きな出費によって、資産の一部取り崩しなども生じてくるのです。

したがって、月々の生活費に加え、こうした大きなイベントにかかる支出を含めて、自分の収入とのバランスを考えていく必要があります。

一つ参考になるのは、**ライフプラン表の作成**でしょう。「ライフプラン表」といったワードで検索すると、FPや金融機関などが作成しているライフプラン表が入手できるので、これをダウンロードして、遊びの気持ちで結構ですから、数字を入れてみてください。

収入に対する支出も、基本的な生活費の他、住居関連費や車両費、教育費、その他のライフイベントにおける必要経費など項目が分かれているので、そこに適当な数字を入れていくと、現在から20年後、あるいは30年後までに、どのくらいの支出が発生し、年間の収支がいくらで、最終的に資産形成に回せる金額がいくらになるのかを、計算してくれます。

まずは、毎月の生活費がいくら必要なのかを把握しなければなりませんので、本書で指摘するのもなんですが、家計簿をつけてみるとよいでしょう。半年くらい続けてみて、収入と支出の平均値を割り出すのです。

また、教育費が実際にどのくらいかかるのかわからないという場合もあると思いますが、これらの数字は様々な調査会社、金融機関などが調査レポートなどの形で出しており、それを発表している機関のサイトで見ることができるので、それらの数字を使えばよいでしょう。

もっとも、ライフプラン表を用いて割り出した数字が、確実にそうなるという保証はありません。そもそも人生なんて一歩先はどうなるかわからないし、結婚を前提にしてプランを作成しても、結婚しなかったり、結婚しても数年後に離婚したなんてことだって、ありえるのです。特に30代、40代の、人生の先がまだ長い人たちのライフプラン表は、誤差が大きくなりがちであることを、頭に入れておいてください。

逆に、60代を超えてくると、そもそも大きなライフイベント自体が少なくなってきますし、生活に大きな波風が立つこともなくなってきます。その意味では、月々の収入と支出を入れていくだけでキャッシュフローがおおまかに把握できますから、高齢者になるほど先々が読みやすいとも言えます。

完璧なライフプラン表を作成するのは難しいのですが、運用計画を立てるためには、いつどのくらいの支出があるのか、収入と比べて赤字になる恐れはないのか、毎月どのくらいの金額までなら積み立てていくことができるのかといった点を把握する必要があり、そのうえでライフプラン表は参考になります。少し面倒かもしれませんが、一度、遊び半分でもよいので、使ってみてください。

年1回見直しを

ある程度、運用期間が経過し、各資産の値上がり、値下がりによって資産配分比率が大きく変わったときには、配分比率を設定時点に戻す「リバランス」を行なうのも、アセット・アロケーションの最適化につながります。アセット・オーナーは定期的に、それも結構厳格にリバランスを行ないますが、個人の場合、そこまで厳密に行なう必要はありません。1年に1回くらい行なえば十分と考えています。私も基本的に普段は放置していますが、年に1回くらい復習で見るという感じです。

ただし、マーケットで大きな節目があるときは、スイッチングと言って、投資の仕方を変えることがあります。

たとえば「金利が上がったら、ちょっと不動産投資への金額を減らそう」とか「戦争が起こったから、金への配分を増やそう」など、マクロ的に何かをどうしても変えなければいけないと思うときは一応変えることにしています。

機関投資家は何を確認しているのか

ここで機関投資家がどんな見直しをしているのかを説明しておきます。

・配分が当初通りになっているのか

定期的な見直しの際には、アセット・オーナーたちは、当初の配分のままになっているかを確認します。ある資産がうまくいっていて資産価値が上昇したために結果的に配分が大きくなってしまっていることもありますが、そんなときもうまくいっている資産の投資額を減らして元の配分に戻そうとします（リバランス、と言います）。たとえば株式市場のパフォーマンスがよく、もともと40％で配分していた株のアロケーションが45％になっていたとします。当然、その分他の資産クラスの配分は低くなったということになります。その場合、機関投資家は「株のリスクが大きくなりすぎている」と判断し、株式運用の一部を売却して、配分が低くなっている資産クラスに配分することで、全体のアロケーションを整え、株を40％に戻すのです。3年に一度庭の手入れをするイメージです。伸びすぎてきた木枝や草木を最も理想とするバランスに剪定するといったところでしょうか。

ところで、リバランスに関しては時々、腑に落ちないことも起こります。なんとなく気付かれている方もいらっしゃると思いますが、リバランスは値上がりしているものを売却して、値下がりしているものを買うという取引になります。

値上がりしているものを持ち続ければ、さらに値上がり益が得られるかもしれず、また値下がりしているものを買えば、さらに値下がりして損失を拡大させてしまうかもしれないのですが、それでもリバランスを行なうタイミングだったら、そこをぐっと飲み込んで、リバランスをしなければなりません。

長期でリスク分散をして運用するためには、そのくらいルールに厳格であることが必要なのです。

・アセット・オーナーがプロ投資家を変更する基準

前述のように、アセット・オーナーは自己運用（インハウス）に加え、外部の運用会社に運用を委託しています。アセット・オーナーが選んだ運用会社が、思うような運用成績を出せない場合は、当然のことですが、運用会社の入れ替えを行ないます。

どのような場合に運用会社を入れ替えるのかは、アセット・オーナーの意向によって違ってきますが、伝統資産を運用する投資会社については、**3年間の運用実績が、アセット・オーナーの想定を下回った場合に、他の運用会社と変更するケースが多い**ようです。

では、何をもって運用成績にするのかですが、「取ったリスクに対して、どれだけ高いリターンを実現できたのか」、つまり、いかに効率よくリターンを獲得したのかという観点からチェックしていきます。これは運用会社を選ぶときと同じで、伝統資産ではシャープレシオを主に用います。その数値が高いほど、よい運用が行なわれていると判断できます。

具体的には0・5を割り込むような場合は、その運用会社への投資金額を減額する、または契約を解除する理由になります。

・運用成績が大きく落ち込んだ場合

ヘッジファンドのようにレバレッジをかけて運用しているようなファンドの場合は、市場が急変したときに、運用成績が大きく落ち込む場合があります。

レバレッジとは、たとえば投資元本が100億円だとして、これを証拠金にして実質的な投資元本を2〜3倍に膨らませて投資することです。想定元本を大きく膨らませている分、市場が急変して持っているポジションとは逆の方向に動いたときは、損失額も2〜3倍に拡大します。

このようなヘッジファンドで運用しているときは、マーケットが大きく動くと、それだけで大きな損失を被るリスクが生じるので、あらかじめ損切りの水準を決めておくことがあります。たとえば100億円の投資元本が80億円まで目減りしたときには（20％ドローダウン）、その時点で運用委託契約を解除するか、もしくはポジションを減らすといった措置を講じるのです。

個人の場合も、たとえば20%下回った、というようなときは解除する、または部分解約（売却）をする、といった考え方がよいでしょう。

・すぐに売れない資産はどうするか？

アセット・オーナーである機関投資家は、すぐに売れない資産（流動性の低い資産）にも投資をしています。

たとえば、同じオルタナティブでも、プライベート・エクイティのように流動性が極めて低い資産に投資している場合は、即解約できません。なぜなら、プライベート・エクイティは、企業価値を上げて上場ないしは売却することで現金化するまでに相当の時間が必要であり、実際に上場されたときに大きなリターンが生じるものなので、それを組み入れて運用しているようなオルタナティブのファンドは、投資家との間で「最低でも10年間は解約せずに保有する」といった契約を交わしているケースが大半なのです。正確に言うと「解約はできない」投資（クローズド・エンド型）で、投資案件が現金化されるたびにその分配金が払い出されるのが通常のプライベート・エクイティ戦略ですので、すべての投資が現金化されて償還されるまで保有していることになります。

投資結果が出るのが10年後というのはなかなか辛抱がいる戦略でありますが、その分公開市場に投資するよりも高いリターンを享受できる可能性が高いのも事実です。したがって長期間運用が可能なアセット・オーナーは流動性の低い資産にも投資をしてポートフォリオ全体のリスク調整後リターン（同じリスク分量でより高いリターン）を高くしているのです。

さて、個人ではどうかというと、「長く持つ」こと自体にメリットがあるということも多いと思います。

自分は結構ほったらかしですが、18か月負け続けていたら他のファンドや戦略との入れ替えも検討します。18か月と言うと長いと思われるかもしれませんが、「長く持つ」というのは合理的な面もあるのです。

短期的な時間軸で投資をする場合もあるでしょう。その場合は、その時間軸のなかでパフォーマンスをモニタリングし、投資を継続するか変更するかを考えていくことになります。

私は長期運用が前提のｉＤｅＣｏについては、２０１８年から6年ぐらい続けていますが、1年に1回の見直しのなかで、アロケーションを変えているのは、マーケットでこの戦略はもう効かないと思ったときに比率を下げるとか、アメリカの景気が悪くなった、戦争が起こったといった、マーケット自体に今までとは違うことが起こっていると感じられたときだけです。大体、上がったり下がったりしながら、長期で見てみると増えているということがほとんどだと思われます。

ｉＤｅＣｏと分散投資は相性がいい

こう考えると、ｉＤｅＣｏと、長期の分散投資は相性がよいと思います。積立や成長枠などの商品があり、それぞれで投資の仕方は違いますが、ｉＤｅＣｏは社会保険の一種でもありますから、毎月一緒の金額を、分散させながら貯めていく特徴があります。さらに解約ができないので、長く持たざるをえない部分があります。

逆にNISAは解約できるため、解約した瞬間に「解約しなければよかった」ということもあって心がザワザワしがちです。実際に自分も安心して眠れる投資のほうがよいですので、解約できないことで、穏やかに長く持っておけるメリットもあるのです。

誰でも自分の資産が減ることについては、恐怖感があり、何かあると、「売る」という投資判断をしがちですが、それで「底値」で売ってしまうのが投資においては最大の失敗になります。

いかに知識を得て長く持ち続けるか、もし売ったとしても全部売らず、どんな順序で売っていくか、ということを事前に考えておくのが大事なことだと思います。

iDeCoは、長期間、現金化はできないものの、随時配分の見直しなどができる点で、長期視点の運用を自然と促す設計になっているという点で活用していきたい制度だと思います。

長期運用の枠をiDeCoで設定したら、同様に少し流動性の低い資産での運用も考えてもよいかもしれません。万人向けではないかもしれませんが、具体的には、不動産であったりプライベート資産のオルタナティブ投資などです。

流動性が低い資産を持つのは怖いと考える人は、個人の場合は結構いらっしゃるのではないでしょうか。自分がどうしても現金を必要とするときに、現金化できないのは、確かに怖いことではあります。

しかし、なかなか中途解約できないという流動性の低さが、資産運用では効を奏する場合があるのです。

これは小咄ですが、2007年にサブプライム・ショックが生じたとき、あるオルタナティブ投資のファンドが、有名ホテルチェーンの物件に投資しました。サブプライム・ショックからリーマンショックが引き起こされる間、米国の不動産物件は全般的に大きく値下がりしました。この投資ファンドが購入した物件の価格も半値まで下がり、その結果として投資ファンドを買っていた投資家には、大きな評価上の損失が生じました。

しかし、この投資ファンドは10年間、売却できない条項が付されていたため、どの投資家も売却することができませんでした。とはいえ、この投資ファンドの評価額が半値になったとしても、このファンドは物件を売却していませんから損失は実現することなく、含み損のままだったのです。

そして、厳しい状況のときもひたすらこの投資ファンドは物件を保有し続け、借り入れ率を落とし、様々な改装工事や、その他バリューアップのための工夫を凝らしながら、ファンド償還の10年の期間が経過しました。そのときには、米国の不動産マーケットは回復していて、しかも様々なバリューアップを行なった成果もあり、その物件は当初の3倍で売却できたのです。

投資家心理は弱いもので、リーマン・ショック級の下落が生じると、どれだけ「持ち続ければ回復するはずだ」と思っていたとしても、逃げたくなります。今、解約したら半値になってしまうことはわかっていても、とにかく逃げたいという気持ちが先に立つからです。逆説的ではあ

ります が、流動性が低い資産に投資するファンドの解約不可期間は、こうした投資家心理の弱みを半強制的に縛り付ける効果があり、それがうまくいくこともあるのです。

いつマーケットの動きは変わるのか

先ほど「節目」という話をしましたが、マーケットが動くタイミングというのはあります。

たとえば、わかりやすい話として、株式であれば決算は一つの目安になるでしょう（とはいえめざとい人は決算の前に動いていることも多いですが）。

ここでは、分散投資をしている人に向け、マーケットが動く可能性の高いタイミングについてまとめておきます。こうしたことを知っていたほうが、心穏やかに投資もできますし、必要なときに速やかに対応できます。

・戦争などの地政学的リスク

2025年2月現在もウクライナの戦争が続いていますが、戦争など、今は地政学的なリスクがマーケットにすごく反映されやすいです。今の世の中は何が起こってもおかしくない。世界のニュースについては意識して見ておいたほうがよいでしょう。

また、戦争だけでなく、G7や経済の動向も無視できません。

中国、北朝鮮、ロシアといった国が、第三のパワー軸を作ろうとしているところのように思います。世界を見渡せば、先進国だけのパワー軸で世界経済を推進していこうというのは難しいように思います。人口動態から見ても、後退するしかないという捉え方もあります。資源を持っている国が輸出の制限をかければ、たちまちどこもモノがなくなりインフレになります。今後の経済のことを考えれば、バランスをとっていくしかないようにも思います。

一方これから人口が増える国、アフリカやグローバルサウスと呼ばれるような国の力は、資源もあり、ますます増していくでしょう。そういった国への投資も考えていくべきときになりつつあるのかもしれません。

・金融機関の節目

季節要因的に毎年、同じような時期に市場参加者の大半がポジションを閉じることがあります。ポジションを閉じるということは、今まで「買い」ポジションを売り、「売りポジション」を買い戻すので相場が「反転」します。それまで上昇基調であったときは、「反転」で下がり、逆に下落基調であった場合は上がることになります。

たとえば、米国であればサンクスギビング（感謝祭、毎年11月の第4木曜日）の前の週など。そのあたりでみんなポジションをクローズさせようとするので、相場が反転することがあります。そしてヘッジファンドの解説でも触れた通り、夏休み前などは大きく相場が反転する可能性があります。多くのファンドマネージャーがポジションを一旦閉じる行動に出る傾向があるからです。さらに言うと、こうした多くのプロ投資家がポジションを閉じる場合、市場の流動性が低下するため、値動きが激しくなります。

ただし、その後、大きなイベント、明らかに市場が上向くような話が見えているのであれば、「ここで閉じるのはもったいない」ということで、下がらないこともあります（２０２４年の末はトランプ政権への期待で落ちませんでした）。

重要なのは、季節性の反転が起こったときに動揺しない、ということでしょう。

・アメリカの動き

大統領選やＦＲＢ（連邦準備制度理事会）の（政策）金利も、マーケットに影響を及ぼします。特に金利動向はお金の大本の蛇口を開け閉めすることを意味し、多くの資産クラスに影響を及ぼすため、金利政策の転換は大きな節目となります。

よきアドバイザーを持つ

最後に「Ｗｈｏ」について考えてみましょう。果たして自分で株の売買やらポジションの調整を毎日の市場の動向を見ながら行なうのか、プロ投資家である運用会社の投資信託に預けるのか、またその預け方にも助言をもらうのか等、投資をするにはいろいろな方法があります。資産運用を行なうにはマーケットと対峙しなければなりません。

ただ、そのマーケットには前述したように、巨額の資金を動かしている様々な投資家も参加しています。ことに近年、マーケットの値動きが激しくなっているなかで、資産運用の経験をあまり持っていない個人が冷静に状況対応できるかというと、これは結構難しいでしょう。狼狽売りしてしまったり、高値で買ってしまったりして、なかなか効率的に資産を増やせないという状況に陥ってしまう恐れがあります。

そのようなときにアドバイザーがいれば、そのアドバイスで冷静さを保てる可能性があります。アドバイザーの存在意義は、資産運用を行なうに際して必要な判断に、第三者の視点を加味できることです。特に資産運用の初心者は、知識も不足しがちですから、それを補ってくれるアドバイザーの力を借りたいと思っている人は少なくないはずです。

「アドバイザー」はどこまで信用できるか？

皆さんが資産運用のアドバイスを受けようと思ったとき、恐らく多くの方は、「銀行の店頭にいる人」とか、「証券会社の営業担当者」に相談しようと考えるのではないかと思うのですが、これがなかなか難しいのです。なぜなら、銀行の店頭で来店客の相手をしている人、あるいは証券会社の営業担当者は、**金融商品を「販売する」プロであり、決して資産運用アドバイスのプロではないからです。**事実、金融商品の理解が十分でないままに「販売」する販売者は驚くほど多いのです。

プロのアドバイザーといっても、本書でも触れたような、金融機関の店舗にいる人たちのことではありません。証券会社や銀行など、金融機関の店舗で顧客の相談に乗っている人たちは、多少の金融知識は持っていますが、基本的にアドバイザーではなく「販売のプロ」です。私がここで言うプロのアドバイザーとは、完全に顧客の側に立ち、顧客の資産を少しでも増やすことにプロフェッショナリズムを発揮できる人を指しています。

金融機関の店舗にいる人たちは販売のプロですから、あくまでも自分が属している金融機関の収益を上げるために働いているのです。したがって、金融機関の窓口で資産運用相談をすると、その金融機関が販売強化している商品や手数料がより稼げる金融商品を勧められてしまったりするのです。

これは実際にあった話ですが、ある人が老後の資産運用のため、大手金融機関のラップ口座を申し込みました。ラップ口座とは、様々なタイプの投資信託をパッケージにして分散投資させるサービスです。担当者が付いていて、顧客のニーズ、リスク許容度などを聞きながら、どういうポートフォリオにすればよいのかを考え、顧客がそれでよいとなったときには、投資信託を組み合わせてポートフォリオを組んでくれます。

ちなみにその人は、ラップ口座を開設するにあたって、ミドルリスク・ミドルリターン型のポートフォリオにして欲しいという要望を出しました。

それから1年が経ち、ポートフォリオの運用成績をチェックしたところ、全然リターンが得られていなかったそうです。この間、円安が急激に進んだため、本来なら為替差益だけでも結構なリターンが得られていたはずです。しかも米国株や日本株は上昇していたため、ほとんどリターンが得られていないのは納得できませんでした。

ということで、改めてポートフォリオの中身を見たところ、ポートフォリオに組み入れられていた10本のファンドが全部、グローバル・バランス型のファンドだったそうです。それも全部為替ヘッジありということでした。

グローバル・バランス型ファンドとは、世界中の株式や債券に分散投資するタイプの投資信託です。また為替ヘッジありとは、円高が進んだときに生じる為替差損によって、運用成績が低下するのをできるだけ抑えるために行なわれるヘッジ取引を用いていることを意味します。ただし為替ヘッジを用いると、円安が進んだときの為替差益が得られなくなります。

つまりポートフォリオに組み入れられていたファンドが、円安と日米の株高を、リターンに反映しにくいものになっていたわけですが、一番の疑問は、どうして10本のファンドがすべて為替ヘッジありのグローバル・バランス型のファンドなのか、という点です。資産の分散さえ、されていない。プロのアドバイザーであれば、このような組み合わせはまずしないでしょう。真意はわかりかねますが、買う側も最低限の知識武装をしないと、こういう状況が起こり得るのだと思います。

信用できるアドバイザーを探すために

では、本当に信用できるアドバイザーを探すには、どうすればよいのでしょうか。

第1章で触れましたが、ＩＦＡを称する人たちがいます。ここ数年で、日本でもＩＦＡ人口が大きく増えてきています。ＩＦＡは特定の証券会社や銀行に頼らず、本当の意味で顧客の側に立ってアドバイス、商品選定を行なっているという建付けになっていますが、それもやや望み薄です。

なぜなら、ＩＦＡのビジネスモデルを見ると、結局のところ株式や投資信託、仕組債などを販売して、それによって得た手数料収入で売上を上げているからです。

このビジネスモデルを続ける限り、ＩＦＡも自分たちの手数料を稼ぐために、顧客の手数料の高い金融商品ばかりを販売するようになります。

事実、ＩＦＡが手数料を稼ぐために、先述の非常にリスクの高い、個人には不向きの仕組債を大量に販売したことが問題になったこともありました。

信頼できる、本当の意味で顧客の側に立ってアドバイスをしてくれるＩＦＡかどうかを見極めるためには、金融商品の売買にかかる手数料を売上の柱にしているかどうかを、まずチェックしてください。手数料収入に依存しているＩＦＡは、プロのアドバイザーというよりも、証券会社の営業と同じく、商品の販売員であるケースが多く見られます。

逆に、信頼できるIFAやアドバイザーの収益構造は、金融商品の売買手数料ではなく、アドバイス・フィーや残高フィーが売上の中心になっています。アドバイス・フィーは、顧客へのアドバイスを一定時間行ない、そのアドバイスに対して固定料金を取るという報酬体系です。また残高フィーとは、顧客から預かっている運用資産残高に対して、たとえば年率０・５％とか１％のフィーを徴収するものです。

この２つの報酬体系なら、手数料の高い金融商品を売り付けたり、手数料をたくさん取るために何回も短期の売り買いを繰り返させたりするようなことにはなりません。顧客にとってもメリットの高い、合理的な報酬体系と言ってもよいでしょう。

アドバイス・フィーとして、アドバイスへの対価として報酬を受け取ろうとしたら、少しでも付加価値の高い情報を、顧客に提供しようとするでしょう。

また残高フィーは、顧客から預かっている運用資産残高に対して、一定料率のフィーを徴収するものですが、運用資産残高は時価で評価されますから、顧客に対して行なったアドバイスが的確で、その結果、顧客の運用資産残高が増えれば、その分だけＩＦＡが受け取れる報酬も増えることになります。

もちろん、逆にＩＦＡのアドバイスが悪く、顧客の運用資産残高が目減りすれば、その分だけＩＦＡが受け取れるフィーも減少することになります。残高フィーの形で顧客から報酬を徴収するやり方は、実に理に適っていると言えるでしょう。もしＩＦＡへのアドバイスを求めるのであれば、このように残高連動の報酬体系を掲げているＩＦＡを選ぶべきでしょう。

もう1つ、信用できるIFAかどうかを見極めるポイントとしては、正しい商品知識や、金融・経済の知識を持っているかどうか、です。

前述したように、単なる手数料収入を得ることにしか関心を持っていないIFAは、詳しい商品知識や金融・経済の知識を持っていないケースが結構見られます。それはプロのアドバイザーというよりも、プロの販売員という意識が、彼らも強いからなのだと思います。しかし、これでは顧客の要望に十分応えることはできません。

本当に金融商品や金融・経済関連の知識を豊富に持っているかどうかは、少し彼らと話をしてみるとわかります。

「なぜ、この金融商品を勧めるのですか？」と聞いてみましょう。

この質問に対して、「これまでずっと上がり続けているからです」といった要領をえない回答が返ってきたときは、信用しないほうがよいでしょう。

また、正しくリスクを説明しようとしない、あるいはメリットしか説明しない、といったIFAも同様です。「金利が上昇したら、この金融商品のリスク・リターンにはどのような影響が及ぶのか」「ここから株価が大きく下がったとき、このファンドのリターンはどうなるのか」といった質問もよいでしょう。金融商品には一通りリスクについて記載されている書面が必ずあるのですが、これを「一読してください」という説明に終始する場合は、ＩＦＡ本人もきちんと説明をできない場合が多いです。この手の基本中の基本ともいうべき質問に対して満足に答えられないようなＩＦＡは、市場下落時など最もアドバイスが必要なときにも的確な答えは返ってこないでしょう。

一方で、顧客サイドにきちんと立ち、インセンティブも同じ残高連動の手数料でよりよい資産運用提案をしようとするＩＦＡや投資顧問会社もあります。

また、最近では限定的ではありますが、証券会社や銀行でも本来の資産運用助言サービスを設定しているところもあります。長期的な資産運用を目標とした「ゴールベース」といった言葉も使われ始めました。資産運用サービスがなかなか発展してこなかった日本で、こうした動きが今後も広がることを期待しています。上記の点を踏まえて、顧客側がよいアドバイザーを選ぶ目を養うことが重要でしょう。

分散効果が高まる「オルタナティブ投資」とは

本書では、ところどころで「オルタナティブ投資」について触れてきました。それは、世界中の名だたるアセット・オーナーが今、最も注目している資産クラスだからです。そして実際、アセット・オーナーの多くがオルタナティブ資産をポートフォリオに組み入れています。

皆さんの年金を運用しているGPIFも、比率こそまだ少ないのですが、オルタナティブ資産を組み入れて運用しています。そして民間企業の企業年金資金を代行して運用している企業年金連合会（PFA）は年金基金のなかでも先駆的に様々なオルタナティブ投資に資金配分をしています。

オルタナティブ投資は業界としても近年30年ほどの成長で伝統資産と比べると歴史も浅く、そのため長年機関投資家のみがアクセスできる資産クラスでした。個人レベルでポートフォリオに組み入れられるものは非常に少なく、一部ヘッジファンドを除いて個人の投資対象にはならないものでした。とりわけプライベート・エクイティなどのプライベート投資は、投資工程が非常に複雑であることや、最低投資金額も5～10億円と高額であり、一般的な個人投資家には、とても手が届きませんでした。

しかし、その複雑な投資工程を、デジタル化によって効率化し、ワンストップで完結することにより、オルタナティブ投資の小口化を進めているのが、日本初のオルタナティブ投資プラットフォームである、LUCAジャパンです。

これまでは投資金額の大きさもさることながら、仮に投資できるだけの資金力があったとしても、どこで買えるのかわかりませんでしたし、どのオルタナティブファンドがよいのかを比較する術もありませんでした。投資契約書面も極めて煩雑であり、とにかくあらゆる面でハードルが高かったのです。

LUCAジャパンのオルタナティブ投資プラットフォームを使えば、

ワンクリックで世界水準のオルタナティブファンドにアクセスできますし、購入から運用状況のレポーティングまでを、ワンストップで完結できます。複数ファンドの比較も可能ですし、口座開設から本人確認までを、オンライン上でできるようにもなっていきます。そして、まだ数百万円という水準ではありますが、かつてに比べると、最低購入金額を大きく引き下げることができました。

どのようなオルタナティブファンドがあるのか、気になる方もいらっしゃるでしょう。現在、弊社が扱っているのは、主にプライベート・エクイティ、プライベート・デットですが、今後不動産およびインフラファンド、IPO前のユニコーン銘柄など、さらにたくさんの種類のオルタナティブファンドを用意していく予定です。

オルタナティブ投資は、上場株式や債券、それらを組み入れた投資信託を保有している方にとっては、分散投資効果が期待できます。かつ中長期的なリターンも期待できます。

注意点は、やはり換金性でしょう。株式や債券、投資信託はいつでも自由に売却・解約ができ、売却・解約した日を入れて4営業日目には現金が手に入ります。

しかし、オルタナティブ投資の場合、ファンドによって現金化できるようになるまでの期間が異なります。それも、5年、10年というかなり長期にわたって解約できないケースが大半です。それは目先の資産価格の変動を狙ってリターンを得るような運用ではなく、長い時間をかけて成果が得られるような対象に投資しているからです。したがって、当初の契約で定められた期間が経過しないと、中途解約はできないと思っていただいたほうがよいでしょう。

近年では、流動性を高くした個人向けの商品開発も進んでいます。たとえば1年は解約不可だけれど、その後に四半期ごとや月次の換金が可能なものもあります。ただしこの場合も、実際に現金が口座に戻るのは数か月後、といった特殊な条件がありますので十分に注意をする必要があります。

こうしたデメリットはあるものの、一方で資産の分散投資効果を高め、かつ中長期的なリターンを実現するという点で、オルタナティブ投資は非常に有効です。世界有数のアセット・オーナーが、こぞってオルタナティブ投資を保有資産に組み入れているということが、そのことを証明しています。

ＬＵＣＡジャパンは、これからオルタナティブ投資の民主化に取り組んでいきます。数年後には、多くの個人がオルタナティブ投資に親しんでもらえるような環境を築いていきたいと思います。期待して、お待ちいただければと思います。

おわりに

私は資産運用業界にたずさわり24年ですが、そもそもは金融業界を目指していたわけではありません。米国大学院に旅立ったときには「国連職員になり世界平和に貢献する」という夢を持っていました。

様々な出来事があり結果的に金融業界でキャリアをスタートすることになったのですが、自分の見ている資産運用業界と多くの日本人の金融知識や投資経験に大きなギャップがあり、さらには独特の業界構図により、個人が安心して投資を始めるには情報と環境が整っていないと感じていました。

政府は、ようやく「資産運用立国」を掲げ、業界が正しい方向に向かうように指針を出したり、個人の金融教育を促す政策も出しています。それが浸透するには相応の時間がかかるでしょうが、はじめの一歩としては評価できる動きだと思います。一方で、新NISAをはじめ、多くの個人が初めて投資に向き合うなかで、まだまだ正しい情報が足りないとも感じています。本書では、そんな個人の方々が、少しでも基本事項を理解し、市場に無駄に振り回されたり、勧められる投資を鵜呑みにして失敗をしないように、という思いで執筆をしました。

また、資産を増やすことで個人の豊かさのみならず、それが社会全体の豊かさにもつながって欲しいと感じています。投資先進国の米国や欧州では、いわゆる「富裕層」は、社会貢献のための寄付やチャリティ活動に熱心です。私が付き合いをしている世界のファミリーオフィスは社会貢献にも、資産運用にも健全に向き合い、資産を守りながらも、社会貢献ができるように運用も行なっています。そういった社会が日本でも当たり前になれば、投資に対する後ろ向きな文化も改善していくような気がしています。

少しでも多くの人が自立した投資家となり、投資の成功体験を持てるように、そして健全な資産運用を経て、個人と社会が豊かになることを切望しております。

本書の完成にあたり、熱心なご指導を賜りました長倉顕太さん、原田翔太さん、そして計り知れない応援と勇気をくださった著者仲間の皆様に、心より感謝申し上げます。また、常に支えとなってくれた家族、社員、友人の皆様にも、深い敬意と感謝の意を表します。

そして何より、本書の趣旨に共感し、多大なるご助力をいただいたサンマーク出版の多根由希絵さんの存在なくしては、本書の完成はありえなかったと考えております。

改めて、皆様のお力添えに深い感謝の意をここに記させていただきます。

シデナム　慶子

[著者略歴]

シデナム慶子（しでなむ・けいこ）

LUCAジャパン株式会社代表取締役CEO・共同創業者。2003年よりヘッジファンド投資に従事、その後2007年より米系運用会社日本拠点にてプライベートエクイティ、不動産、インフラ、プライベートクレジットなどのオルタナティブ投資ファンドの戦略説明、資金調達、機関投資家リレーションシップを統括。JPモルガン・アセット・マネジメントでのオルタナティブ投資戦略室長を務めた後、ブラックストーン・グループにおけるマネージングディレクターを経て、2021年オルタナティブ投資のデジタルプラットフォームを運営するLUCAジャパンを共同創業。米ジョンズホプキンス大学高等国際問題研究大学院修士。

投資に必要なことはすべて海外投資家に学んだ

2025年 4月10日　初版印刷
2025年 4月20日　初版発行

著　者　シデナム慶子
発行人　黒川精一
発行所　株式会社 サンマーク出版
〒169-0074 東京都新宿区北新宿2-21-1
電話　03（5348）7800
印刷・製本　中央精版印刷株式会社

ISBN978-4-7631-4219-1　C0030
ホームページ　https://www.sunmark.co.jp